Aline Vauclair

Einsamkeit muss nicht sein

So kommst Du wirklich aus der Einsamkeitsfalle

Aline Vauclair

Einsamkeit muss nicht sein

So kommst Du wirklich aus der Einsamkeitsfalle

Bibliografische Information der Deutschen Nationalbibliothek: Die Deutsche Nationalbibliothek verzeichnet diese Publikation in der Deutschen Nationalbibliografie; detaillierte bibliografische Daten sind im Internet über http://dnb.dnb.de abrufbar.

Die automatisierte Analyse des Werkes, um daraus Informationen insbesondere über Muster, Trends und Korrelationen gemäß §44b UrhG („Text und Data Mining") zu gewinnen, ist untersagt.

© 2025 Aline Vauclair

Verlag: BoD · Books on Demand GmbH, Überseering 33, 22297 Hamburg, bod@bod.de

Druck: Libri Plureos GmbH, Friedensallee 273, 22763 Hamburg

ISBN: 978-3-8192-2966-4

Inhaltsverzeichnis

I

Vorwort: Allein unter vielen

Liebe Leserin, lieber Leser,

wenn du dieses Buch in deinen Händen hältst, dann vermutlich nicht, weil du gerade von einer rauschenden Party nach Hause gekommen bist, bei der du der strahlende Mittelpunkt warst. Wahrscheinlicher ist, dass du gerade auf deiner Couch sitzt, vielleicht mit einer Tasse Tee oder einem Glas Wein, während dein Handy verdächtig still bleibt und du dich fragst, ob die Welt da draußen überhaupt noch existiert.

Willkommen im Club der Einsamen – einem Club mit erstaunlich vielen Mitgliedern, die alle denken, sie wären die einzigen darin. Ironisch, oder?

Ich könnte jetzt mit beeindruckenden Statistiken um mich werfen, dir erzählen, dass Einsamkeit die "unsichtbare Epidemie des 21. Jahrhunderts" ist und dass sie gefährlicher sein kann als Rauchen oder Fettleibigkeit. Aber ich vermute, du bist nicht hier für Zahlenspiele. Du willst wissen, wie es sich anfühlt, wieder dazuzugehören. Wie es ist, wenn das Handy nicht nur wegen Werbung vibriert oder dein Wochenende nicht schon am Donnerstag komplett verplant ist – mit Netflix und deiner Katze.

Ich verrate dir ein Geheimnis: Viele Menschen waren dort, wo du jetzt bist. In diesem seltsamen Schwebezustand, in dem man gleichzeitig zu viel Zeit und zu wenig Kontakte hat. In dem man die paradoxe Kunst perfektioniert, in einem überfüllten Café zu sitzen und sich trotzdem zu fühlen, als wäre man auf einem anderen Planeten. In dem man Geburtstagseinladungen herbeisehnt und gleichzeitig fürchtet, weil man nicht weiß, wie man sich unterhalten soll, ohne dass es sich anfühlt wie ein Bewerbungsgespräch.

Dieses Buch verspricht dir keine sozialen Wunder über Nacht. Du wirst nach der Lektüre nicht plötzlich von einer Schar bester Freunde umgeben sein (obwohl, wer weiß?). Was ich dir aber versprechen kann: Du wirst verstehen, dass Einsamkeit kein Charakterfehler ist. Sie ist kein Beweis dafür, dass mit dir etwas nicht stimmt. Sie ist ein Gefühl – und Gefühle kann man beeinflussen.

In den nächsten Kapiteln nehme ich dich mit auf eine Reise. Eine Reise von der Isolation zurück in die Verbundenheit. Mit praktischen Tipps, die nicht von einem weltfremden Psychologen stammen, der nie selbst erlebt hat, wie es sich anfühlt, wenn der letzte persönliche Anruf drei Wochen her ist. Mit Übungen, die du nicht in einem überfüllten Workshop mit lauter fremden Menschen machen musst. Und mit einem Humor, der dir hoffentlich ab und zu ein Lächeln entlockt – denn nichts verbindet Menschen mehr als gemeinsames Lachen, selbst wenn du zunächst nur mit einem Buch lachst.

Was dieses Buch nicht ist: ein Ratgeber, wie du zum Partykönig wirst. Eine Anleitung, wie du oberflächliche Bekanntschaften sammelst wie andere Menschen Briefmarken. Oder ein Plädoyer dafür, dass ein Mensch nur in Gesellschaft glücklich sein kann.

Was es aber ist: dein persönlicher Begleiter auf dem Weg zu einem Leben, in dem Einsamkeit nur eine gelegentliche Besucherin ist und nicht mehr deine ständige Mitbewohnerin.

Also schnall dich an, mach es dir gemütlich und lass uns gemeinsam diesen Weg gehen. Vom Alleinsein zur Verbundenheit. Von der Isolation zur Gemeinschaft. Von "Einsamkeit muss sein" zu "Einsamkeit muss nicht sein".

Du bist bereit? Dann blättere um.

Du schaffst das, herzliche Grüße, Aline

P.S.: Übrigens hast du gerade die ersten Schritte aus der Einsamkeit bereits hinter dir – du hast nach Hilfe gesucht. Das ist mehr, als viele jemals tun.

Du kennst diesen Moment. Dein Smartphone in der Hand, Instagram geöffnet, du scrollst durch die Bilder von lachenden Menschen auf Partys, beim Brunch oder auf Reisen. Irgendwann legst du das Handy zur Seite und blickst in deine leere Wohnung. Die Stille dröhnt in deinen Ohren. Willkommen in der seltsamen Welt der modernen Einsamkeit – wo wir mehr "verbunden" sind als je zuvor und uns trotzdem einsamer fühlen als ein Eisbär in der Sahara.

Was Einsamkeit wirklich ist (und was nicht)

Fangen wir mit einem Mythos an: Einsamkeit hat nichts mit der Anzahl der Menschen zu tun, die dich umgeben. Du kannst in einer WG mit fünf anderen Menschen leben und dich einsamer fühlen als ein Eremit im Himalaya. Warum? Weil Einsamkeit nicht die Abwesenheit von Menschen ist, sondern die Abwesenheit von bedeutungsvollen Verbindungen.

Einsamkeit ist dieses nagende Gefühl, dass niemand dich wirklich *sieht*. Dass niemand versteht, wer du bist. Dass du austauschbar bist. Ein Statist im eigenen Leben. Ein Möbelstück, das man übersieht, bis man darüber stolpert.

Hier ist, was Einsamkeit *nicht* ist:

- Alleinsein (dazu später mehr)
- Ein Zeichen von Schwäche
- Etwas, wofür du dich schämen solltest
- Ein unabänderliches Schicksal

Einsamkeit ist vielmehr ein Alarmsignal deines Gehirns. Ähnlich wie Hunger oder Durst sagt sie dir: "Hey, hier fehlt etwas Lebenswichtiges!" Und ja, soziale Verbindungen sind für uns Menschen tatsächlich lebenswichtig. Wir sind soziale Wesen – unsere Gehirne sind darauf programmiert, Verbindungen herzustellen. Wenn diese fehlen, geht unser Nervensystem in den Alarmmodus über.

Warum sich Einsamkeit anfühlt wie ein Bär auf deiner Brust

Kennst du dieses Gefühl, wenn die Einsamkeit zuschlägt? Dieses Schweregefühl in der Brust? Als würde dir jemand langsam die Luft abdrücken? Als hätte jemand einen mürrischen Braunbären auf deinen Brustkorb gesetzt, der sich partout nicht bewegen will?

Das ist nicht nur Einbildung. Einsamkeit triggert in deinem Körper tatsächlich eine Stressreaktion. Dein Gehirn interpretiert soziale Isolation als Bedrohung – evolutionär gesehen nicht ohne Grund. In der Steinzeit bedeutete Ausschluss aus der Gruppe oft den sicheren Tod. Dieses uralte Warnsystem läuft heute noch in uns ab, auch wenn wir keine Säbelzahntiger mehr fürchten müssen.

Was passiert also, wenn du dich einsam fühlst?
- Dein Körper schüttet Stresshormone aus
- Dein Blutdruck steigt
- Dein Immunsystem wird geschwächt
- Dein Schlaf wird schlechter
- Deine Gedanken kreisen und werden oft negativer

Kein Wunder, dass chronische Einsamkeit mit gesundheitlichen Problemen verbunden ist! Dieser mürrische Einsamkeits-Bär auf deiner Brust ist nicht nur unangenehm, sondern auf Dauer auch ziemlich ungesund.

Der Unterschied zwischen Alleinsein und Einsamkeit

Stell dir vor, du genießt einen sonnigen Nachmittag im Park. Ein gutes Buch, dein Lieblingskaffee, keine Menschenseele, die dich stört. Du fühlst dich erfrischt, entspannt und zufrieden. Das ist Alleinsein – und es ist wundervoll.

Jetzt stell dir vor, es ist Freitagabend. Alle deine Kontakte in den sozialen Medien posten Bilder von ihren Verabredungen. Du hast seit Tagen mit niemandem außer dem Kassierer im Supermarkt gesprochen. Du fühlst dich ausgeschlossen, vergessen und irgendwie defekt. Das ist Einsamkeit – und sie fühlt sich an wie ein Stich ins Herz.

Hier der Unterschied auf den Punkt gebracht:
- **Alleinsein**: Eine Situation, die du wählst und genießt
- **Einsamkeit**: Ein schmerzhaftes Gefühl des Ausgeschlossenseins

Das Verwirrende: Manchmal können wir beides gleichzeitig erleben. Du kannst den Abend allein genießen und trotzdem einen Stich spüren, wenn du siehst, dass alle deine Freunde zusammen unterwegs sind – ohne dich einzuladen.

Und hier kommt die gute Nachricht: Da Alleinsein und Einsamkeit zwei unterschiedliche Dinge sind, kannst du lernen, das eine zu genießen und das andere zu überwinden. In diesem Buch geht es nicht darum, dass du nie mehr allein sein wirst. Es geht darum, dass du die Kontrolle über deine sozialen Verbindungen zurückgewinnst.

Einsamkeitstest: Wie einsam bist du wirklich?

Bevor wir weitermachen, lass uns kurz innehalten und herausfinden, wie es um deine Einsamkeit bestellt ist. Beantworte die folgenden Fragen ehrlich. Keine Sorge, niemand schaut dir über die Schulter (und wenn doch, dann hast du möglicherweise kein Einsamkeitsproblem, sondern ein Datenschutzproblem).

Bewerte jede Aussage von 0 (trifft nie zu) bis 3 (trifft oft zu):

1. Ich fühle mich von anderen Menschen ausgeschlossen.
2. Es gibt niemanden, mit dem ich wirklich reden kann.
3. Meine Interessen und Ideen scheinen niemanden zu interessieren.
4. Ich fühle mich allein, auch wenn ich unter Menschen bin.
5. Ich kann nur schwer Kontakte knüpfen.
6. Ich vermisse es, Teil einer Gruppe zu sein.
7. Ich habe das Gefühl, dass andere Menschen Freundschaften leichter schließen.
8. Ich muss mich zwingen, auf andere zuzugehen.
9. Ich wünsche mir mehr tiefgründige Gespräche.
10. Meine sozialen Beziehungen sind oberflächlich.

Auswertung:

- 0-7 Punkte: Gelegentliche Einsamkeit – normal und menschlich
- 8-15 Punkte: Moderate Einsamkeit – Zeit, etwas zu unternehmen
- 16-23 Punkte: Erhebliche Einsamkeit – dringender Handlungsbedarf

- 24-30 Punkte: Schwere Einsamkeit – professionelle Unterstützung in Betracht ziehen

Mach dir keine Sorgen, wenn dein Wert hoch ist. Einsamkeit ist ein Zustand, kein Charaktermerkmal. Und Zustände können sich ändern. Das ist der Grund, warum du dieses Buch liest.

Nimm dir einen Moment Zeit, um über dein Ergebnis nachzudenken. Überrascht es dich? Bestätigt es, was du bereits vermutet hast? Oder denkst du gerade: "Moment mal, so einsam bin ich doch gar nicht"? Einsamkeit kann manchmal so alltäglich werden, dass wir sie gar nicht mehr wahrnehmen – oder sie so schmerzhaft sein, dass wir sie verdrängen.

Bevor wir zum nächsten Kapitel übergehen, möchte ich dir etwas Wichtiges mitgeben: Die Tatsache, dass du dieses Buch liest, zeigt bereits, dass du bereit bist, etwas zu verändern. Das ist der erste und oft schwierigste Schritt. In einer Welt, die uns einredet, wir müssten immer glücklich, erfolgreich und beliebt sein, ist es mutig, sich einzugestehen: "Ich fühle mich einsam, und ich möchte das ändern."

Im nächsten Kapitel schauen wir uns an, wie du überhaupt an diesem Punkt gelandet bist. Denn nur wenn wir verstehen, woher unsere Einsamkeit kommt, können wir effektive Wege finden, sie zu überwinden.

Und denk daran: Während du diese Zeilen liest, gibt es Millionen andere Menschen, die sich genauso fühlen wie du. Du bist in deiner Einsamkeit nicht allein – so paradox das auch klingen mag.

Erinnerst du dich an die alte Weisheit "Der erste Schritt zur Lösung eines Problems ist, es zu erkennen"? Nun, ich würde sagen, der zweite Schritt ist zu verstehen, wie zum Teufel du überhaupt in diese Situation geraten bist. Stell dir vor, du wachst eines Morgens in der Wüste auf. Bevor du nach Wasser suchst, wäre es nicht schlecht zu wissen, wie du dort gelandet bist – schon allein, um nicht wieder an denselben Ort zurückzukehren.

Genauso ist es mit der Einsamkeit. Um den Weg herauszufinden, sollten wir zunächst verstehen, wie wir hineingeraten sind. Keine Sorge, dies ist kein Kapitel voller Schuldzuweisungen. Es geht nicht darum, dir zu sagen: "Siehst du, das hast du falsch gemacht!" Sondern vielmehr darum, Muster zu erkennen und dir zu helfen, deine persönliche Geschichte zu verstehen.

Die üblichen Verdächtigen: Typische Einsamkeitsauslöser

Wenn Einsamkeit ein Kriminalfall wäre, dann hätten wir einige "übliche Verdächtige" – Situationen und Umstände, die besonders häufig zu Einsamkeit führen. Manche davon sind offensichtlich, andere wirken im Verborgenen. Lass uns die Hauptverdächtigen unter die Lupe nehmen:

Der Umzug in eine neue Stadt

Der Klassiker unter den Einsamkeitsauslösern. Du packst deine Kartons, verabschiedest dich von deinen Freunden und ziehst in eine Stadt, in der du niemanden kennst. Plötzlich sitzt du in einer fremden Wohnung, schaust aus dem Fenster auf fremde Straßen und fragst dich: "Und jetzt?"

Der Umzug schneidet uns von unseren gewohnten sozialen Netzen ab. Die Kaffeepause mit den Kollegen, der Plausch mit dem Nachbarn, das spontane Treffen mit Freunden – all diese kleinen sozialen Interaktionen fallen plötzlich weg. Die gute Nachricht? In jeder neuen Stadt gibt es Menschen, die nur darauf warten, dich kennenzulernen. Sie wissen es nur noch nicht.

Der Jobwechsel oder Arbeitsplatzverlust

Für viele von uns ist der Arbeitsplatz ein soziales Zentrum. Wir verbringen mehr Zeit mit unseren Kollegen als mit unseren Freunden oder der Familie. Ein Jobwechsel bedeutet nicht nur eine neue Tätigkeit, sondern auch den Verlust eines ganzen sozialen Umfelds.

Noch drastischer wird es beim Verlust des Arbeitsplatzes. Plötzlich fehlt nicht nur das Einkommen, sondern auch die tägliche Struktur und der soziale Austausch. Die Tage werden länger, die Wände rücken näher, und das Gefühl, nicht mehr Teil von etwas zu sein, kann überwältigend werden.

Trennung oder Scheidung

"Wir sollten uns trennen" – vier Worte, die nicht nur eine Beziehung beenden, sondern oft auch ein ganzes soziales Netzwerk zerreißen. Bei einer Trennung verlieren wir nicht nur unseren Partner, sondern häufig auch gemeinsame Freunde, die sich plötzlich für eine Seite entscheiden müssen oder den Kontakt zu beiden reduzieren, um nicht zwischen die Fronten zu geraten.

Dazu kommt das Gefühl des Scheiterns, die Scham, die viele nach einer Trennung empfinden und die dazu führt, dass man sich zurückzieht, Einladungen absagt und soziale Situationen meidet, in denen man auf das Ex-Pärchen ansprechen könnte.

Der Eintritt in den Ruhestand

Das klingt zunächst paradox – endlich Zeit für all die Dinge, die man schon immer tun wollte! Doch für viele Menschen bedeutet der Ruhestand den Verlust einer wichtigen Quelle sozialer Kontakte und Anerkennung. Die strukturierte Woche mit Meetings, Mittagspausen und Smalltalk in der Kaffeeküche weicht einem leeren Kalender.

Plötzlich muss man sich aktiv um soziale Kontakte bemühen, statt sie automatisch am Arbeitsplatz zu haben. Und ja, das kann verdammt anstrengend sein, besonders wenn man jahrzehntelang gewohnt war, dass soziale Interaktionen quasi nebenbei passierten.

Technologische Isolation

Ironie des Schicksals: Wir leben in der verbundensten Ära der Menschheitsgeschichte und fühlen uns trotzdem einsamer als je zuvor. Smartphones, soziale Medien und Heimlieferservices machen es möglich, wochenlang zu überleben, ohne ein echtes Gespräch führen zu müssen.

Du kannst auf Instagram die Urlaubsfotos deiner Freunde liken, ohne tatsächlich zu wissen, wie es ihnen geht. Du kannst deine Mahlzeiten per App bestellen, ohne mit einem menschlichen Wesen zu sprechen. Du kannst ganze Arbeitstage in virtuellen Meetings verbringen, ohne tatsächlich eine Verbindung zu deinen Kollegen aufzubauen.

Die Technologie ersetzt echte Verbindungen durch digitale Abkürzungen – praktisch, aber emotional oft unbefriedigend.

Lebensübergänge als Einsamkeitsfallen

Das Leben ist eine Abfolge von Übergängen: vom Kind zum Teenager, vom Studenten zum Berufstätigen, vom Single zum Paar, vom Paar zur Familie, und so weiter. Jeder dieser Übergänge birgt das Potenzial für Einsamkeit, weil sie unsere sozialen Kreise und Identitäten verändern.

Vom Studenten ins Berufsleben

Im Studium ist es leicht, Freunde zu finden. Du bist von Gleichaltrigen mit ähnlichen Interessen umgeben, die Zeit für spontane Treffen haben und in derselben Lebensphase stecken. Dann kommt der Einstieg ins Berufsleben. Plötzlich hast du weniger Zeit, deine alten Freunde ziehen in verschiedene Städte, und deine neuen Kollegen haben bereits gefestigte soziale Kreise oder befinden sich in völlig anderen Lebensphasen.

Die Uni-Freunde gründen WhatsApp-Gruppen, in denen immer seltener etwas geschrieben wird, bis sie schließlich nur noch zu Geburtstagen und Neujahr aufleben. Der Übergang vom Studentenleben mit seiner natürlichen sozialen Infrastruktur zum strukturierteren Berufsleben ist für viele der erste Moment, in dem sie bewusste Anstrengungen unternehmen müssen, um nicht in die Einsamkeit abzurutschen.

Elternschaft: Wenn das Baby die Freundschaften auffrisst

Ein kleines menschliches Wesen kommt in dein Leben, und nichts ist mehr wie zuvor. Inklusive deiner Freundschaften. Plötzlich drehst sich alles um Schlafrhythmen, Windeln und die Frage, ob grüner Stuhl normal ist. Deine kinderlosen Freunde können mit diesen Gesprächen wenig anfangen, und du kannst nicht mehr spontan um 20 Uhr in die Bar kommen, weil du entweder a) keinen Babysitter hast oder b) so müde bist, dass du beim ersten Bier einschlafen würdest.

Die Elternschaft kann paradoxerweise zu einer der einsamsten Zeiten werden, obwohl du technisch gesehen fast nie allein bist. Du bist von morgens bis abends mit einem kleinen Menschen zusammen, mit dem du nicht mal ein vernünftiges Gespräch führen kannst (es sei denn, du findest "Gaga" und "Blubb" besonders tiefgründig).

Die Lebensmitte: Wenn die Freunde verschwinden

Die Lebensmitte bringt ihre eigenen Herausforderungen mit sich. Freunde ziehen weg, um Karrierechancen zu nutzen oder sich um alternde Eltern zu kümmern. Andere tauchen in intensiven Familienphasen ab, wenn die Kinder in der Pubertät sind. Manche Freundschaften enden leise, weil sich Interessen und Werte auseinanderentwickelt haben.

Plötzlich merkst du, dass dein ehemals lebhafter Freundeskreis geschrumpft ist, und die Energie, neue Verbindungen aufzubauen, scheint nicht mehr so vorhanden zu sein wie mit Anfang 20.

Digitale Nähe, echte Ferne: Die Social-Media-Paradoxie

Wir sollten noch einmal genauer auf dieses seltsame Phänomen unserer Zeit eingehen: Wir sind digital so verbunden wie nie zuvor und fühlen uns trotzdem so einsam. Wie kommt das?

Die Illusion der Verbundenheit

Social Media gibt uns das Gefühl, mit Hunderten von "Freunden" verbunden zu sein. Wir sehen ihre Urlaubsfotos, wissen, was sie zum Mittagessen hatten, und kennen die Namen ihrer Haustiere. Aber wissen wir wirklich, wie es ihnen geht? Wann haben wir das letzte Mal ihre Stimme gehört oder ihr Lachen gesehen?

Diese oberflächliche Verbundenheit kann gefährlicher sein als offensichtliche Isolation, weil sie uns in dem Glauben lässt, wir hätten bedeutungsvolle Beziehungen, während wir in Wirklichkeit nur Zuschauer im Leben anderer sind.

Der soziale Vergleich

Dann ist da noch das leidige Thema des sozialen Vergleichs. Auf Instagram sehen wir die sorgfältig kuratierten Highlights anderer Leben: die perfekte Beziehung, die spektakulären Urlaubsfotos, die beeindruckenden beruflichen Erfolge. Was wir nicht sehen, sind die Streitigkeiten, die einsamen Abende, die Zweifel und Ängste.

Wir vergleichen unsere ungeschnittene Realität mit den Hochglanzversionen anderer Leben und fühlen uns unzulänglich. Dieses Gefühl der Unzulänglichkeit verstärkt die Einsamkeit – denn wenn alle anderen so perfekte Leben führen, warum sollten sie sich für jemanden wie dich interessieren?

Die Verflachung der Kommunikation

Ein weiteres Problem der digitalen Kommunikation ist ihre Verflachung. Ein "Like" ist schnell gegeben, erfordert aber wenig emotionales Investment. Eine Textnachricht kann praktisch sein, vermittelt aber nicht die Nuancen der Stimme oder die Wärme eines Lächelns.

Wir gewöhnen uns an diese Low-Effort-Kommunikation und verlieren langsam die Fähigkeit (oder den Mut) zu tieferen, verletzlicheren Gesprächen, die für echte Verbindung notwendig sind.

Deine persönliche Einsamkeits-Landkarte erstellen

Nachdem wir die allgemeinen Einsamkeitsauslöser betrachtet haben, ist es an der Zeit, deine persönliche Einsamkeits-Landkarte zu erstellen. Jeder Mensch hat seinen eigenen Weg in die Einsamkeit, und um den Weg herauszufinden, musst du verstehen, wie deine spezifische Reise aussah.

Nimm dir einen Moment Zeit und beantworte die folgenden Fragen ehrlich. Du kannst sie direkt hier im Buch beantworten oder – falls du dieses Buch eines Tages weitergeben möchtest – in einem separaten Notizbuch:

Deine Einsamkeits-Detektivarbeit

1. **Wann hast du zum ersten Mal bemerkt, dass du dich einsam fühlst?** War es ein bestimmter Moment oder ein schleichender Prozess?
2. **Welche Lebensereignisse fallen zeitlich mit dem Beginn deiner Einsamkeit zusammen?** (Umzug, Jobwechsel, Trennung, etc.)
3. **Wie sah dein soziales Leben aus, bevor du dich einsam gefühlt hast?** Mit wem hast du Zeit verbracht und was habt ihr gemeinsam gemacht?
4. **Welche Beziehungen haben sich verändert oder sind weggefallen?** Warum glaubst du, ist das passiert?
5. **Wie hat sich deine Nutzung von Technologie und sozialen Medien in dieser Zeit verändert?**
6. **Gibt es Situationen oder Orte, an denen du dich besonders einsam fühlst? Welche sind das?**
7. **Gibt es Situationen oder Orte, an denen du dich NICHT einsam fühlst? Was ist dort anders?**
8. **Wenn du an deine engsten Beziehungen denkst – was vermisst du am meisten?**

Die Antworten auf diese Fragen bilden deine persönliche Einsamkeits-Landkarte. Sie zeigt dir nicht nur, wie du hierhergekommen bist, sondern gibt auch wichtige Hinweise darauf, wo du ansetzen kannst, um deine Situation zu verändern.

Muster erkennen

Schau dir deine Antworten noch einmal an. Erkennst du Muster?

Vielleicht bemerkst du, dass deine Einsamkeit mit deinem Umzug in eine neue Stadt begann. Oder dass sie sich verstärkt, wenn du abends durch Instagram scrollst. Vielleicht fällt dir auf, dass du dich in bestimmten Situationen – beim Sport oder in der Natur – weniger einsam fühlst als an anderen Orten.

Diese Muster sind wie Brotkrumen auf dem Weg aus dem Wald. Sie zeigen dir, was dich in die Einsamkeit geführt hat und geben Hinweise darauf, was dir helfen könnte, wieder herauszufinden.

Die Verantwortung übernehmen (ohne Schuld)

Ein wichtiger Punkt, bevor wir weitergehen: Die Analyse deiner Einsamkeits-Geschichte soll dir helfen zu verstehen, wie du in diese Situation geraten bist, aber nicht, um dir die Schuld dafür zu geben. Es gibt einen wichtigen Unterschied zwischen Verantwortung und Schuld:

- **Schuld** schaut zurück und sagt: "Du hast etwas falsch gemacht."
- **Verantwortung** schaut nach vorn und sagt: "Du hast die Macht, etwas zu verändern."

Viele Faktoren, die zu Einsamkeit führen, liegen außerhalb deiner Kontrolle: der Job, der dich in eine neue Stadt führt; Freunde, die wegziehen; gesellschaftliche Veränderungen, die persönliche Begegnungen erschweren. Für all das trägst du keine Schuld.

Was in deiner Kontrolle liegt, ist, wie du von diesem Punkt an handelst. Du übernimmst die Verantwortung für deinen Weg aus der Einsamkeit, nicht die Schuld für deinen Weg hinein.

Nun, da wir verstanden haben, wie du in deine aktuelle Situation geraten bist, können wir beginnen, Strategien zu entwickeln, um sie zu verändern. Im nächsten Kapitel werden wir uns Sofortmaßnahmen ansehen – was du tun kannst, wenn die Einsamkeit dich überwältigt und du schnelle Erleichterung brauchst.

Denk daran: Der Weg in die Einsamkeit mag lang und komplex gewesen sein, aber der Weg heraus beginnt mit einem einzigen Schritt. Und diesen Schritt hast du bereits getan, indem du dieses Buch liest und dich ehrlich mit deiner Situation auseinandersetzt.

Es gibt diese Tage. Du kennst sie. Die Tage, an denen die Einsamkeit nicht nur an deine Tür klopft, sondern sie eintritt, ihre Schuhe auszieht und es sich auf deiner Couch bequem macht, als hätte sie vor, das ganze Wochenende zu bleiben. Die Tage, an denen dein Handy so still ist, dass du überprüfst, ob es überhaupt noch funktioniert. Die Tage, an denen dich das Gefühl beschleicht, dass der Rest der Welt eine Party feiert, zu der du nicht eingeladen wurdest.

Für diese Tage brauchst du einen Notfall-Koffer. Keine Schmerztabletten oder Verbandsmaterial – sondern Strategien und Werkzeuge, die dir helfen, durch besonders einsame Phasen zu kommen. Betrachte dieses Kapitel als deinen emotionalen Erste-Hilfe-Kasten. Du wirst nicht alle vorgeschlagenen Maßnahmen brauchen, genau wie du vermutlich nicht jedes Medikament in deiner Hausapotheke benutzt. Aber es ist gut zu wissen, dass sie da sind, wenn du sie brauchst.

Wenn das Sofa zum besten Freund wird: Sofort-Maßnahmen

Bevor wir zu komplexeren Strategien kommen, beginnen wir mit einfachen Sofortmaßnahmen – Dinge, die du tun kannst, wenn die Einsamkeit plötzlich überwältigend wird und du schnelle Erleichterung brauchst.

1. Raus aus den eigenen vier Wänden

Ich weiß, ich weiß. Wenn du dich einsam fühlst, ist dein Sofa oft der letzte Ort, den du verlassen willst. Es ist warm, bequem und stellt keine sozialen Anforderungen. Aber genau deshalb solltest du aufstehen und rausgehen. Die eigenen vier Wände können an einsamen Tagen zu einem Kokon werden, der dich noch tiefer in deine Isolation hüllt.

Du musst nicht gleich auf eine Party gehen oder ein tiefgründiges Gespräch führen. Manchmal reicht es schon, unter Menschen zu sein – im Café, im Park oder in der Bücherei. Die bloße Anwesenheit anderer Menschen kann das Einsamkeitsgefühl lindern.

Sofort-Tipp: Zieh dir etwas an, in dem du dich wohlfühlst (aber nicht deine älteste Jogginghose), nimm ein Buch oder eine Zeitschrift mit und geh in ein Café. Bestell dir etwas Leckeres und setz dich für eine Stunde unter Menschen. Du musst mit niemandem reden – nur da sein.

2. Die Kraft der Beobachtung

Wenn du schon unter Menschen bist, nutze die Gelegenheit zur Beobachtung. Nicht auf eine gruselige Art und Weise – bitte fotografiere keine Fremden oder schreibe keine detaillierten Tagebucheinträge über sie. Aber nimm sie wahr. Sieh dir an, wie der Vater mit seiner Tochter spielt. Wie das ältere Paar Hand in Hand spazieren geht. Wie die Barista lächelt, wenn sie den Kaffee serviert.

Diese kleinen Momente menschlicher Verbindung, selbst wenn du nur Zeuge bist, können dich daran erinnern, dass die Welt voller Beziehungen ist – und dass es für dich Möglichkeiten gibt, Teil davon zu sein.

Sofort-Tipp: Setz dich auf eine Bank in einem belebten Bereich und nimm fünf verschiedene positive Interaktionen zwischen Menschen wahr. Vielleicht ein Lächeln, eine Umarmung, ein geteiltes Lachen. Konzentriere dich auf diese Momente und erinnere dich daran, dass solche Verbindungen auch für dich möglich sind.

3. Die physische Berührung

Als Menschen brauchen wir körperliche Berührung. Punkt. Studien zeigen, dass fehlende Berührung zu einem Phänomen führen kann, das als "Hautruhiger" bezeichnet wird – einem tatsächlichen physiologischen Verlangen nach Berührung.

Wenn du keinen Partner oder keine nahestehenden Freunde hast, von denen du eine Umarmung bekommen kannst, gibt es trotzdem Möglichkeiten, dieses grundlegende Bedürfnis zu erfüllen:

- **Haustiere:** Wenn du ein Haustier hast, nutze die Zeit, um es zu streicheln und zu kuscheln. Die Interaktion mit Tieren setzt nachweislich Oxytocin frei – dasselbe "Bindungshormon", das auch bei menschlichem Kontakt freigesetzt wird.

- **Professionelle Berührung:** Ein Haarschnitt, eine Maniküre oder eine Massage sind legitime Wege, um Berührung zu erfahren. Ja, du bezahlst dafür, aber die physiologischen Vorteile sind trotzdem real.
- **Selbstumarmung:** Klingt vielleicht seltsam, aber umarmende dich selbst kann tatsächlich helfen. Lege deine rechte Hand auf deine linke Schulter und deine linke Hand auf deine rechte Schulter und drücke sanft. Dein Körper reagiert mit der Ausschüttung von Oxytocin.

Sofort-Tipp: Buche eine Massage oder einen Haarschnitt für die kommende Woche. Es gibt dir nicht nur etwas, worauf du dich freuen kannst, sondern auch die dringend benötigte physische Berührung.

4. Die Kraft der Musik

Musik hat die erstaunliche Fähigkeit, uns emotional zu erreichen. An besonders einsamen Tagen kann die richtige Playlist Wunder wirken. Aber Vorsicht: Wähle deine Musik bewusst aus. Melancholische Lieder über Herzschmerz und Einsamkeit mögen zwar deinem aktuellen Gefühl entsprechen, können dich aber noch tiefer in die Isolation führen.

Stattdessen solltest du Musik wählen, die:
- positive Erinnerungen weckt
- dich zum Tanzen oder Mitsingen animiert
- dir ein Gefühl der Verbundenheit gibt (z.B. Musik aus deiner Jugend, die dich an Gemeinschaftserlebnisse erinnert)

Sofort-Tipp: Erstelle eine "Anti-Einsamkeits-Playlist" mit Songs, die dich aufheitern und energetisieren. Spiele sie laut ab und tanze durch deine Wohnung – ja, wirklich! Die Kombination aus Musik und Bewegung kann deine Stimmung schnell verbessern.

5. Die Sinne aktivieren

Einsamkeit kann uns in unseren Kopf zurückziehen, gefangen in Grübeleien und negativen Gedankenspiralen. Ein schneller Weg, aus diesem Teufelskreis auszubrechen, ist die bewusste Aktivierung deiner Sinne.

Versuche Folgendes:

- **Geschmack:** Iss etwas wirklich Intensives – sei es super scharf, sehr sauer oder unglaublich süß. Die Sinnesexplosion holt dich sofort in den gegenwärtigen Moment zurück.
- **Geruch:** Ätherische Öle, ein besonderes Parfüm oder sogar der Geruch frisch gebackener Kekse kann deine Stimmung heben.
- **Berührung:** Verschiedene Texturen spüren – vielleicht ein besonders weiches Kissen, kaltes Wasser auf deiner Haut oder das Gefühl von Gras unter deinen Füßen.
- **Sehen:** Umgib dich mit Farben, die dich glücklich machen, oder schau dir bewusst schöne Bilder an, sei es in einem Kunstbuch oder online.
- **Hören:** Neben Musik können auch Naturgeräusche, ein guter Podcast oder sogar das Geräusch von Menschen in einem Café stimulierend sein.

Sofort-Tipp: Mache eine "Sinnes-Pause". Nimm dir 10 Minuten Zeit und konzentriere dich nacheinander auf jeden deiner fünf Sinne. Was siehst du gerade? Was hörst du? Welche Gerüche nimmst du wahr? Wie fühlt sich der Stuhl unter dir an? Welchen Geschmack hast du im Mund?

Telefonjoker: Wen kannst du wirklich anrufen?

Es ist Freitagabend, du fühlst dich einsam, und der Gedanke, das ganze Wochenende allein zu verbringen, erscheint unerträglich. Zeit für einen Telefonjoker. Aber wen rufst du an?

Die Wahrheit ist: Nicht jeder Kontakt in deinem Telefonbuch eignet sich für einen Anruf in einem Moment der Einsamkeit. Manche Menschen haben das Talent, dich noch einsamer zu fühlen, selbst wenn sie physisch anwesend sind. Andere sind vielleicht nicht verfügbar oder überfordert mit ihren eigenen Problemen.

Erstelle deine Telefonjoker-Liste

Nimm dir einen Moment Zeit und denke an fünf Menschen, die du anrufen könntest, wenn du dich einsam fühlst. Das können sein:

- Ein Freund, mit dem du immer lachen kannst
- Ein Familienmitglied, das dich bedingungslos akzeptiert

- Ein Bekannter, der immer Zeit für ein gutes Gespräch hat
- Ein ehemaliger Kollege, mit dem du dich immer gut verstanden hast
- Ein Freund aus der Kindheit, mit dem du eine tiefe Verbindung teilst

Schreibe diese Namen auf – am besten hier ins Buch oder in dein Telefon. Und dann – das ist wichtig – überlege dir für jeden von ihnen eine spezifische Aktivität oder ein Gesprächsthema:

1. [Name] – Könnte ich fragen, ob wir zusammen einen Kaffee trinken gehen
2. [Name] – Könnte ich anrufen, um über unser gemeinsames Hobby zu sprechen
3. [Name] – Könnte ich fragen, ob wir am Wochenende zusammen kochen
4. [Name] – Könnte ich um Rat bei meinem Arbeitsprojekt bitten
5. [Name] – Könnte ich fragen, ob wir zusammen spazieren gehen

Diese Liste hat einen doppelten Zweck: Sie erinnert dich daran, dass du Menschen hast, an die du dich wenden kannst, und sie gibt dir einen konkreten Vorschlag, was du sagen könntest, wenn deine Einsamkeit dich davon überzeugt, dass du "stören" würdest.

Die Angst vor der Ablehnung überwinden

Viele einsame Menschen haben eine überdimensionierte Angst vor Ablehnung. Sie glauben, dass ihre Freunde und Bekannten zu beschäftigt oder desinteressiert sein könnten, um Zeit mit ihnen zu verbringen. Diese Angst führt dazu, dass sie gar nicht erst fragen – und so bestätigt sich ihre Einsamkeit als selbsterfüllende Prophezeiung.

Hier ist eine unbequeme Wahrheit: Manchmal wirst du tatsächlich eine Absage bekommen. Menschen haben ihr eigenes Leben, ihre eigenen Pläne und manchmal auch ihre eigenen Kämpfe. Aber – und das ist wichtig – eine Absage bedeutet fast nie "Ich mag dich nicht" oder "Du bist mir nicht wichtig". Meist bedeutet sie einfach "Ich kann gerade nicht" oder "Das passt mir heute nicht".

Telefonjoker-Tipp: Wenn du jemanden anrufst und er keine Zeit hat, schlag gleich einen alternativen Termin vor: "Schade, dass es heute nicht funktioniert. Wie wäre es stattdessen mit nächstem Dienstag?" Das nimmt den Druck von der anderen Person, selbst einen neuen Vorschlag machen zu müssen, und erhöht die Chance auf ein tatsächliches Treffen.

Die richtige Anfrage stellen

Ein weiterer wichtiger Aspekt: Wie du nach Gesellschaft fragst, kann einen großen Unterschied machen. Vergleiche diese beiden Anfragen:

A) "Hey, ich fühle mich heute so einsam... hast du vielleicht Zeit, etwas zusammen zu machen?"

B) "Hey, ich muss unbedingt den neuen Film im Kino sehen! Hast du Lust mitzukommen?"

Die erste Anfrage lädt zur Ablehnung ein, weil sie eine emotionale Last impliziert. Die zweite klingt nach Spaß und gegenseitigem Nutzen.

Das bedeutet nicht, dass du deine Gefühle immer verstecken solltest – besonders bei engen Freunden ist Offenheit wichtig. Aber für den ersten Kontakt nach längerer Zeit oder bei weniger engen Bekannten kann ein positiver, leichter Ansatz die Tür öffnen.

Telefonjoker-Tipp: Halte immer ein paar "leichte" Aktivitätsvorschläge bereit: einen Film, den du sehen möchtest; ein neues Restaurant, das du ausprobieren willst; eine Ausstellung, die du besuchen möchtest. So hast du immer einen unverfänglichen Grund, jemanden zu kontaktieren.

Die Kunst des Selbstgesprächs, ohne verrückt zu wirken

"Sprichst du manchmal mit dir selbst? Ich schon. Ständig eigentlich."

Wenn du den obigen Satz gelesen hast und gedacht: "Oh Gott, ich auch", dann bist du in guter Gesellschaft. Selbstgespräche sind weit verbreitet und – entgegen der landläufigen Meinung – durchaus gesund. In Zeiten der Einsamkeit können sie sogar besonders hilfreich sein.

Warum Selbstgespräche helfen können

Wenn wir mit uns selbst sprechen:

- artikulieren wir unsere Gedanken und bringen Ordnung ins Chaos
- üben wir soziale Interaktion, selbst wenn niemand da ist
- durchbrechen wir die Stille, die manchmal erdrückend sein kann
- erweitern wir unser inneres Publikum

Das Problem ist nicht das Selbstgespräch an sich, sondern unser gesellschaftliches Stigma dagegen. "Mit sich selbst reden? Das machen doch nur Verrückte!" – ein Mythos, der längst widerlegt ist, aber trotzdem hartnäckig in unseren Köpfen bleibt.

Gesundes Selbstgespräch praktizieren

Es gibt verschiedene Arten des Selbstgesprächs, die in einsamen Zeiten besonders hilfreich sein können:

1. Der innere Coach

Sprich mit dir selbst, wie ein unterstützender Coach es tun würde: "Du schaffst das. Lass uns einen Schritt nach dem anderen machen." Diese Art des positiven Selbstgesprächs kann deine Motivation und dein Selbstvertrauen stärken.

2. Der Perspektivwechsel

Stelle dir vor, du würdest mit einem guten Freund über dein Problem sprechen. Was würdest du ihm raten? Manchmal können wir anderen bessere Ratschläge geben als uns selbst – nutze diesen Trick, um Distanz zu deinen Problemen zu gewinnen.

3. Das laute Denken

Bei komplexen Problemen oder Entscheidungen kann lautes Denken helfen, Klarheit zu gewinnen. "Wenn ich Person A anrufe, könnte sie beschäftigt sein, aber sie freut sich immer, von mir zu hören. Wenn ich Person B anrufe, hat sie sicher Zeit, aber wir haben nicht so viel gemeinsam..."

4. Die Selbstermutigung

Nutze Selbstgespräche, um dich selbst zu ermutigen, soziale Risiken einzugehen: "Ok, ich rufe jetzt Sarah an. Das Schlimmste, was passieren kann, ist, dass sie keine Zeit hat. Das ist kein Weltuntergang."

Selbstgesprächs-Tipp: Wenn du dir Sorgen machst, verrückt zu wirken, halte ein Telefon ans Ohr oder trage Kopfhörer – so denken andere, du führst ein Telefongespräch. Ein kleiner Trick, der dir die Freiheit gibt, deine Gedanken zu artikulieren, ohne dich um die Meinung anderer zu sorgen.

Tagebuch der verpassten Verbindungen: Dokumentiere deine Gefühle

Ein weiteres mächtiges Werkzeug in deinem Notfall-Koffer ist das Schreiben. Besonders in Momenten intensiver Einsamkeit kann das Führen eines "Tagebuchs der verpassten Verbindungen" therapeutisch wirken.

Warum ein Einsamkeitstagebuch?

Das Aufschreiben deiner Gefühle hat mehrere Vorteile:

- Es hilft dir, deine Emotionen zu verarbeiten und ihnen einen Namen zu geben
- Du kannst Muster in deiner Einsamkeit erkennen (Tageszeit, Trigger, Intensität)
- Es gibt dir die Möglichkeit, deine Gedanken zu sortieren, ohne sofort reagieren zu müssen
- Es schafft Distanz zwischen dir und deinen Gefühlen – du beobachtest sie, anstatt vollständig in ihnen aufzugehen

Wie du dein Tagebuch der verpassten Verbindungen führst

Es gibt kein richtig oder falsch beim Führen eines Tagebuchs. Hier sind einige Ansätze, die du ausprobieren kannst:

1. Die einfache Dokumentation
Notiere, wann du dich einsam fühlst, wie intensiv das Gefühl ist (z.B. auf einer Skala von 1-10) und was der Auslöser gewesen sein könnte.

2. Der Brief, den du nie abschickst
Schreibe einen Brief an eine Person, mit der du gerne verbunden wärst – sei es ein alter Freund, ein Familienmitglied oder sogar eine unbekannte

Person, die du heute gesehen hast. Drücke aus, was du gerne teilen würdest, wenn es keine Hindernisse gäbe.

3.   Die   Dankbarkeitsliste

An besonders dunklen Tagen kann es helfen, dir bewusst zu machen, welche Verbindungen du trotz allem hast – sei es der nette Kassierer im Supermarkt, der sich deinen Namen gemerkt hat, oder die Nachbarin, die immer lächelt, wenn ihr euch begegnet.

4.   Die   Wunschliste

Beschreibe, wie dein ideales soziales Leben aussehen würde. Welche Art von Freundschaften möchtest du? Welche Aktivitäten würdest du gerne mit anderen teilen? Diese Liste wird später nützlich sein, wenn wir zu den langfristigen Strategien kommen.

Tagebuch-Tipp: Setze dir keine Regeln, wie oft oder wie viel du schreiben musst. Manche Tage verdienen ganze Seiten, andere nur eine kurze Notiz. Das Wichtigste ist, dass das Tagebuch ein sicherer Ort für deine Gedanken wird, nicht eine weitere Verpflichtung, die Stress verursacht.

Dein Notfall-Koffer für einsame Tage ist nun gepackt mit Sofortmaßnahmen, einer Telefonjoker-Liste, Techniken für gesundes Selbstgespräch und einem Tagebuch für deine Gefühle. Diese Werkzeuge können dir helfen, akute Einsamkeitsgefühle zu bewältigen und den emotionalen Sturm zu überstehen.

Aber denk daran: Dies sind Erste-Hilfe-Maßnahmen. Sie behandeln die Symptome, nicht die Ursache deiner Einsamkeit. In den kommenden Kapiteln werden wir uns damit beschäftigen, wie du langfristige, nachhaltige Verbindungen aufbauen kannst.

Für den Moment jedoch ist es wichtig zu wissen, dass du Werkzeuge an der Hand hast, um die schwierigsten Momente zu überstehen. Wie bei jeder Notfallausrüstung hoffen wir, dass du sie nie brauchst – aber es ist beruhigend zu wissen, dass sie da ist, wenn doch.

Kapitel 4: Dein innerer Kreis - Er existiert!

"Ich habe niemanden." Dieser Satz geht vielen einsamen Menschen leicht über die Lippen. Er fühlt sich wahr an, echt, wie eine unbestreitbare Tatsache. Aber ist er das wirklich?

In diesem Kapitel werden wir eine kleine archäologische Expedition unternehmen – eine Grabung nach verborgenen oder vergessenen Verbindungen in deinem Leben. Denn die Wahrheit ist: Die meisten Menschen haben mehr soziale Ressourcen, als ihnen bewusst ist. Manche Verbindungen sind vielleicht verblasst, andere oberflächlich, wieder andere kompliziert – aber sie existieren.

Dein innerer Kreis ist wie ein vernachlässigter Garten: Er braucht Pflege, Aufmerksamkeit und manchmal auch einen radikalen Rückschnitt, um wieder zu blühen. Aber die Wurzeln sind da, auch wenn du sie nicht sehen kannst.

Bestandsaufnahme: Wer ist wirklich da?

Lass uns mit einer einfachen, aber aufschlussreichen Übung beginnen. Nimm dir ein Blatt Papier und zeichne drei konzentrische Kreise – wie eine Zielscheibe. Diese Kreise repräsentieren verschiedene Ebenen von Nähe und Verbundenheit in deinem Leben:

- **Innerer Kreis**: Die Menschen, die dir am nächsten stehen – Familie, enge Freunde, Partner
- **Mittlerer Kreis**: Freunde, Kollegen, Bekannte, mit denen du regelmäßig, aber weniger intensiv interagierst
- **Äußerer Kreis**: Lockere Bekannte, Menschen, die du kennst, aber mit denen du selten tiefere Gespräche führst

Jetzt kommt der wichtige Teil: Nimm dir Zeit und schreibe Namen in diese Kreise. Alle Namen, die dir einfallen. Denke dabei an:

- Familienmitglieder (auch die, mit denen du weniger Kontakt hast)
- Aktuelle und ehemalige Arbeitskollegen
- Schulfreunde und Studienbegleiter

- Nachbarn (auch die, die du nur vom Grüßen kennst)
- Menschen aus Vereinen, Kursen oder Hobbys
- Online-Bekanntschaften
- Fachleute, zu denen du eine persönlichere Beziehung hast (Arzt, Friseur, etc.)

Lass dich nicht von Gedanken wie "Aber wir haben seit Jahren nicht gesprochen" oder "Der interessiert sich bestimmt nicht für mich" bremsen. Schreib erstmal alle auf, die dir in den Sinn kommen.

Die Überraschung der Zahlen

Die meisten Menschen, die diese Übung machen, sind überrascht von der Anzahl der Namen, die sie aufschreiben können. Vielleicht geht es dir auch so. "Moment mal", denkst du vielleicht, "ich fühle mich einsam, aber hier stehen 25 Namen auf meinem Blatt. Das passt nicht zusammen!"

Doch – es passt zusammen. Denn Einsamkeit entsteht nicht durch die Abwesenheit von Menschen in unserem Leben, sondern durch den Mangel an bedeutungsvollen Verbindungen zu diesen Menschen. Die gute Nachricht ist: Du hast mehr potenzielle Verbindungen, als du dachtest. Die Herausforderung besteht nun darin, diese Verbindungen zu aktivieren und zu vertiefen.

Die Qualität der Verbindungen

Schau dir deine Liste noch einmal an und frage dich für jede Person:
1. Wann habe ich das letzte Mal mit dieser Person gesprochen?
2. War unsere letzte Interaktion positiv, negativ oder neutral?
3. Welche gemeinsamen Interessen oder Erfahrungen verbinden uns?
4. Könnte ich mir vorstellen, mehr Zeit mit dieser Person zu verbringen?

Markiere die Namen, bei denen du die letzte Frage mit "Ja" beantwortest. Diese Menschen sind deine "sozialen Möglichkeiten" – Verbindungen, die du stärken und vertiefen könntest.

Bestandsaufnahme-Tipp: Mach dir zu jedem Namen eine kurze Notiz, was der nächste Schritt sein könnte: Eine Nachricht schreiben? Zum

Kaffee einladen? Eine gemeinsame Erinnerung teilen? Diese konkreten Handlungsschritte machen es leichter, den ersten Schritt zu tun.

Qualität statt Quantität: Der eine Mensch, der zählt

In der Zeit von Social Media und Hunderten "Freunden" online vergessen wir manchmal eine fundamentale Wahrheit: Eine einzige qualitativ hochwertige Verbindung kann wirksamer gegen Einsamkeit sein als Dutzende oberflächliche Kontakte.

Die Forschung bestätigt, was die meisten von uns intuitiv wissen: Ein Mensch, der uns wirklich zuhört, uns versteht und bedingungslos akzeptiert, kann einen enormen Unterschied machen. In der Psychologie spricht man vom Konzept der "sicheren Basis" – einer Person oder Beziehung, die uns emotionale Sicherheit gibt, von der aus wir die Welt erkunden können.

Die Suche nach deinem "Anker-Menschen"

Schau dir noch einmal deinen inneren Kreis an. Gibt es dort jemanden, der die Rolle deines "Anker-Menschen" übernehmen könnte? Jemanden, bei dem du das Gefühl hast:

- Ich kann ganz ich selbst sein
- Diese Person urteilt nicht über mich
- Ich fühle mich nach Gesprächen mit ihr energiegeladen, nicht erschöpft
- Ich vertraue dieser Person
- Sie ist einigermaßen verfügbar (emotional und zeitlich)

Falls nicht im innersten Kreis, schau im mittleren Kreis: Gibt es dort jemanden mit diesem Potential?

Du brauchst nicht unbedingt einen romantischen Partner als Anker-Menschen. Es kann ein Familienmitglied sein, ein langjähriger Freund oder sogar ein relativ neuer Bekannter, zu dem du eine besondere Verbindung spürst.

Die Vertiefung einer Schlüsselbeziehung

Wenn du eine Person identifiziert hast, die dein Anker-Mensch sein könnte (oder es bereits ist), überlege dir, wie du diese Beziehung vertiefen kannst:

1. **Regelmäßigkeit**: Plane regelmäßige Treffen oder Gespräche, am besten mit einem festen Rhythmus (z.B. jeden zweiten Donnerstag).
2. **Offenheit**: Wage es, dich zu öffnen und auch über Schwierigkeiten zu sprechen. Verletzlichkeit schafft Nähe – aber dosiere sie, besonders am Anfang.
3. **Gegenseitigkeit**: Achte darauf, dass das Geben und Nehmen ausgewogen ist. Zeige echtes Interesse an der anderen Person und ihrem Leben.
4. **Grenzen respektieren**: Auch die engsten Beziehungen brauchen Grenzen. Respektiere, wenn der andere Zeit für sich braucht.

Qualitäts-Tipp: Manchmal kann es hilfreich sein, direkt zu kommunizieren: "Du bist mir wirklich wichtig, und ich würde gerne mehr Zeit mit dir verbringen. Wie wäre es, wenn wir uns regelmäßiger sehen?" Die meisten Menschen fühlen sich geschmeichelt von solcher Direktheit.

Die vergessene Kunst der Brieffreundschaft

Im Zeitalter von Sofortnachrichten und 10-Sekunden-Videos mag die Idee einer Brieffreundschaft altmodisch erscheinen. Aber gerade deshalb kann sie so wertvoll sein. Eine Brieffreundschaft – ob digital oder auf Papier – bietet etwas, das in unserer schnelllebigen Zeit selten geworden ist: Tiefe, Reflexion und eine Verbindung, die auf Gedanken statt auf ständiger Verfügbarkeit basiert.

Warum Brieffreundschaften besonders wertvoll sein können

Brieffreundschaften (oder ihre moderneren Pendants wie ausführliche E-Mails) haben einige Vorteile, die sie besonders für einsame Menschen attraktiv machen:

- Sie erfordern keine spontane soziale Energie oder Smalltalk-Fähigkeiten
- Du hast Zeit, deine Gedanken zu formulieren und zu überarbeiten
- Sie können über große Entfernungen gepflegt werden
- Sie schaffen einen Raum für tiefere Gedanken, die im Alltag oft untergehen
- Sie hinterlassen eine bleibende Erinnerung, die man immer wieder hervorholen kann

Mögliche Brieffreunde finden

Wer könnte dein Brieffreund werden? Schau dir nochmal deine Kreise an:

- Ein alter Schulfreund, der in eine andere Stadt gezogen ist
- Ein Verwandter, zu dem du eine besondere, aber entfernte Verbindung hast
- Ein ehemaliger Arbeitskollege, mit dem du dich gut verstanden hast
- Jemand aus einem Online-Forum oder einer Gruppe, mit dem du ähnliche Interessen teilst

Brieffreundschafts-Tipp: Starte mit einer einfachen Nachricht wie: "Ich habe heute an dich gedacht und mich gefragt, wie es dir geht. Ich würde mich freuen, wenn wir ab und zu Nachrichten austauschen könnten – ich schätze deine Perspektive und vermisse unsere Gespräche." Die meisten Menschen fühlen sich von einer solchen Nachricht geschmeichelt.

Der erste Brief: Eine Vorlage

Der Anfang kann schwierig sein. Hier ist eine einfache Struktur für deinen ersten Brief oder deine erste längere Nachricht:

1. **Einstieg**: Warum du schreibst und warum gerade an diese Person
2. **Rückblick**: Eine gemeinsame Erinnerung oder ein Bezug zur gemeinsamen Vergangenheit
3. **Gegenwart**: Was machst du aktuell, was beschäftigt dich

4. **Interesse**: Fragen nach dem Leben und den Gedanken der anderen Person

5. **Ausblick**: Hoffnung auf einen Austausch und vielleicht eine Idee für ein Thema, über das ihr euch austauschen könntet

Hier ein Beispiel:

"Liebe [Name],

es ist eine Weile her, dass wir uns gesprochen haben, und ich musste heute an dich denken, als ich [etwas, das dich an die Person erinnert hat] sah. Ich erinnere mich noch gut daran, wie wir [gemeinsame Erinnerung] und ich muss immer noch schmunzeln, wenn ich daran denke.

Bei mir hat sich einiges verändert. Ich arbeite jetzt [aktuelle Situation] und in meiner Freizeit habe ich mit [Hobby/Interesse] angefangen. Das bringt mich manchmal zum Nachdenken über [tieferer Gedanke oder Frage].

Ich würde gerne wissen, wie es dir geht und was dich in letzter Zeit beschäftigt hat. Hast du noch deine Leidenschaft für [etwas, wofür sich die Person interessiert hat]? Und wie geht es [gemeinsamer Bekannter oder Familienmitglied]?

Es würde mich wirklich freuen, wieder mit dir in Kontakt zu sein – vielleicht könnten wir uns ab und zu austauschen, wie es früher war als wir [gemeinsame Aktivität in der Vergangenheit].

Alles Liebe, [Dein Name]"

Die Kunst des Wartens

Eine Brieffreundschaft braucht Zeit – Zeit zum Schreiben, zum Reflektieren, zum Antworten. In unserer Welt der sofortigen Befriedigung kann das Warten auf eine Antwort schwierig sein. Aber genau dieses Warten hat seinen eigenen Wert: Es lehrt uns Geduld und lässt die Vorfreude wachsen.

Wenn du keine sofortige Antwort erhältst, bedeutet das nicht zwangsläufig Ablehnung. Das Leben ist komplex, Menschen sind beschäftigt, Nachrichten gehen verloren. Gib der Sache Zeit und sei bereit, nach einer Weile eine freundliche Erinnerung zu schicken.

Warte-Tipp: Nutze die Wartezeit, um weitere Briefe an andere Menschen zu schreiben oder ein Tagebuch zu führen. So bleibt das Schreiben eine Konstante in deinem Leben, unabhängig von den Antworten, die du erhältst.

Familienbande neu knüpfen (auch wenn Tante Erna nervt)

Ah, die Familie – diese Ansammlung von Menschen, die wir uns nicht ausgesucht haben, mit denen wir aber durch biologische oder rechtliche Bande verbunden sind. Familienbande können kompliziert sein, keine Frage. Aber sie können auch eine wertvolle Ressource gegen Einsamkeit darstellen – manchmal müssen wir sie nur neu entdecken und definieren.

Die Familie neu sehen

Vielleicht hast du zu deiner Familie ein angespanntes Verhältnis. Vielleicht gibt es alte Verletzungen, unausgesprochene Konflikte oder einfach nur sehr unterschiedliche Wertvorstellungen. Das ist normal und menschlich.

Aber vielleicht gibt es auch Familienmitglieder, zu denen du eine Verbindung aufbauen oder vertiefen könntest:

- Ein Cousin, mit dem du als Kind gespielt hast, den du aber aus den Augen verloren hast
- Eine Tante, die zwar anstrengend sein kann, aber immer ein offenes Ohr hat
- Ein entfernter Verwandter, der ähnliche Interessen hat wie du
- Ein Neffe oder eine Nichte, die jetzt erwachsen wird und mit dem/der du eine Beziehung auf Augenhöhe aufbauen könntest

Die Herausforderung der Familiendynamiken

Familien haben ihre eigenen Regeln, Rollen und Dynamiken. Oft werden wir in unseren Familien auf eine bestimmte Version unserer selbst reduziert – "der Schüchterne", "die Karrierefrau", "der Chaot", "die Künstlerin".

Diese festgefahrenen Rollen können es schwer machen, authentische neue Verbindungen innerhalb der Familie aufzubauen. Aber sie bieten auch eine Chance: Die Möglichkeit, sich neu zu definieren und alte Muster zu durchbrechen.

Strategien für die Wiederbelebung von Familienbeziehungen

1. **Einzelkontakte statt Gruppenevents**: Große Familienfeiern sind oft nicht der beste Ort für echte Verbindung. Versuche stattdessen, einzelne Familienmitglieder zu treffen – bei einem Kaffee, einem Spaziergang oder einem Telefonat.
2. **Neue Gemeinsamkeiten finden**: Vielleicht teilt ihr ein Interesse, von dem du nichts wusstest. Oder ihr könntet zusammen etwas Neues ausprobieren – ein gemeinsames Projekt kann eine große verbindende Wirkung haben.
3. **Die Vergangenheit ruhen lassen**: Wenn es alte Konflikte gibt, überlege, ob du bereit bist, sie (zumindest vorerst) beiseitezulegen, um Raum für Neues zu schaffen. Das bedeutet nicht, dass du sie vergisst oder für unwichtig erklärst – nur, dass du der Beziehung eine Chance gibst, sich zu entwickeln.
4. **Grenzen setzen**: Du musst nicht alles akzeptieren oder über dich ergehen lassen, nur weil es sich um Familie handelt. Klare, respektvolle Grenzen können helfen, gesündere Beziehungen aufzubauen.

Familien-Tipp: Beginne mit dem Familienmitglied, das dir am sympathischsten ist oder mit dem du die wenigsten Konflikte hast. Ein früher Erfolg kann dir Mut für schwierigere Beziehungen machen.

Der Fall Tante Erna

Nehmen wir an, da ist diese Tante Erna (oder Onkel Herbert oder Cousin Kevin), die dich immer mit denselben Fragen nervt: "Wann heiratest du endlich?" oder "Warum verdienst du nicht mehr Geld?" oder "Hast du immer noch diese seltsame Frisur?".

Anstatt diese Person komplett zu meiden, könntest du:

1. **Die Begegnungen steuern**: Kurze, strukturierte Treffen in neutraler Umgebung, vielleicht mit einem klaren Zeitrahmen.
2. **Themen vorbereiten**: Überlege dir im Voraus Gesprächsthemen, die für euch beide interessant und nicht konfliktbeladen sind.

3. **Humorvoll kontern**: Manchmal kann Humor eine gute Strategie sein: "Tante Erna, bevor du fragst – nein, ich bin noch nicht verheiratet, aber ich sammle Katzen für mein Alter!"
4. **Aktives Umlenken**: Wenn das Gespräch in eine unangenehme Richtung geht, lenke aktiv um: "Apropos Arbeit, ich habe gehört, du warst neulich in Italien? Erzähl mal davon!"

Tante-Erna-Tipp: Versuche, unter die Oberfläche zu schauen. Oft verbergen sich hinter nervigen Fragen echte Sorge oder der unbeholfene Versuch, eine Verbindung herzustellen. Manchmal reicht es schon, die Intention hinter der Frage zu sehen, um weniger genervt zu sein.

Dein innerer Kreis mag im Moment klein erscheinen, aber er existiert. In diesem Kapitel hast du Werkzeuge bekommen, um ihn zu kartieren, zu pflegen und zu erweitern – durch die Bestandsaufnahme deiner vorhandenen Kontakte, die Vertiefung einer Schlüsselbeziehung, das Wiederbeleben von Brieffreundschaften und das Neuknüpfen von Familienbanden.

Denk daran: Beziehungen sind wie Pflanzen. Manche brauchen viel Wasser und Sonnenlicht, andere gedeihen in schattigeren Ecken. Manche wachsen schnell, andere langsam. Die Kunst besteht darin, jeder Beziehung die Pflege zu geben, die sie braucht, und dabei geduldig zu sein – mit anderen und mit dir selbst.

Im nächsten Kapitel werden wir über die Grenzen deines inneren Kreises hinausschauen und erkunden, wie du neue Verbindungen in der Welt da draußen knüpfen kannst – auch wenn der Gedanke daran jetzt vielleicht noch einschüchternd wirkt.

Stell dir vor, du stehst an einem Fenster und schaust hinaus. Da draußen ist ein ganzes Universum voll Menschen – Menschen, die lachen, reden, leben, lieben und vielleicht sogar nach einer Verbindung suchen, genau wie du. Doch zwischen dir und ihnen steht diese unsichtbare Barriere, die manchmal dicker erscheint als eine Betonwand: die Komfortzone.

In diesem Kapitel werden wir uns vorsichtig aus dieser Komfortzone herauswagen. Nicht mit einem waghalsigen Sprung ins kalte Wasser – das führt meist nur dazu, dass wir erschrocken zurückschnellen und uns noch tiefer in unsere sichere Höhle zurückziehen. Sondern mit kleinen, machbaren Schritten, die dich Stück für Stück näher ans echte Leben bringen.

Denn die Wahrheit ist: Die Welt da draußen wartet auf dich. Nicht in einem kitschigen "Alles wird gut"-Sinne, sondern ganz pragmatisch: Es gibt dort draußen Menschen, die dich mögen würden, wenn sie dich kennenlernen. Es gibt Gespräche, die dein Leben bereichern könnten. Es gibt Erfahrungen, die darauf warten, geteilt zu werden. Du musst nur den Mut finden, die Tür zu öffnen und einen Schritt nach draußen zu machen.

Die 5-Minuten-Regel für soziale Kontakte

Eine der größten Hürden bei der Überwindung sozialer Isolation ist das, was Psychologen als "Antizipationsangst" bezeichnen: Die Angst vor dem, was passieren könnte, bevor es überhaupt passiert. Du malst dir aus, wie peinlich, anstrengend oder enttäuschend eine soziale Interaktion sein könnte, und entscheidest dich dann – verständlicherweise – dafür, gleich zu Hause zu bleiben.

Hier kommt die 5-Minuten-Regel ins Spiel: Verpflichte dich nur zu den ersten fünf Minuten einer sozialen Situation. Nur fünf Minuten. Das ist die Zeit, die es braucht, um einen Kaffee zu bestellen und sich hinzusetzen. Oder um einen Raum zu betreten und jemanden zu begrüßen. Oder um ein kurzes Gespräch mit der Person neben dir in der Schlange zu führen.

Warum die 5-Minuten-Regel funktioniert

Die 5-Minuten-Regel nutzt zwei wichtige psychologische Prinzipien:

1. **Reduzierte Verpflichtung**: Fünf Minuten klingen machbar, selbst wenn du dich unwohl fühlst. Fast jeder kann fünf Minuten durchhalten, selbst in einer unangenehmen Situation.
2. **Momentum**: Sobald du die ersten fünf Minuten hinter dir hast, ist die größte Hürde – der Anfang – bereits überwunden. Oft stellst du fest, dass die Situation weniger schlimm ist als befürchtet, und bleibst länger.

Die 5-Minuten-Regel in der Praxis

Hier sind einige Situationen, in denen du die 5-Minuten-Regel anwenden kannst:

Im Café:

- Verpflichte dich, für fünf Minuten an der Theke zu stehen und dein Getränk zu genießen, statt es direkt zum Mitnehmen zu bestellen
- Mache einen kleinen Kommentar zum Barista, vielleicht über das Wetter oder den Duft des frischen Gebäcks
- Wenn sich ein Gespräch entwickelt, großartig! Wenn nicht, hast du trotzdem deine fünf Minuten geschafft

Bei einer Veranstaltung:

- Verpflichte dich, fünf Minuten zu bleiben, nachdem du deinen Mantel abgegeben hast
- Stelle dich in die Nähe des Buffets oder der Getränke – dort ist es leichter, mit anderen ins Gespräch zu kommen
- Wenn du dich nach fünf Minuten immer noch unwohl fühlst, erlaube dir zu gehen – aber gib dir die Chance, zu bleiben, wenn es besser läuft als erwartet

Im Park oder an öffentlichen Orten:

- Setze dich für mindestens fünf Minuten auf eine Bank, anstatt ständig in Bewegung zu bleiben

- Lächle jemanden an oder mache einen Kommentar zum Wetter, zu einem Hund oder zu irgendetwas in der Umgebung
- Mache ein Kompliment – das erfordert nur wenige Sekunden, kann aber zu einem längeren Gespräch führen

5-Minuten-Tipp: Wenn du zu einer Veranstaltung gehst, verabrede dich vorher mit dir selbst: "Ich bleibe mindestens fünf Minuten und spreche mit mindestens einer Person." Belohne dich anschließend für diesen Erfolg, unabhängig davon, wie das Gespräch verlaufen ist.

Vom Kaffeehaus-Stammgast zum Kaffeehaus-Star

Eines der besten Umfelder, um soziale Fähigkeiten zu üben und allmählich Verbindungen aufzubauen, ist ein Café oder ein ähnlicher "dritter Ort" – ein Ort, der weder Zuhause noch Arbeitsplatz ist, aber regelmäßig von denselben Menschen frequentiert wird.

Die Magie des Stammcafés

Warum ist ein Stammcafé so wertvoll für den Kampf gegen Einsamkeit?

- Es bietet einen ungezwungenen Rahmen ohne die Erwartung längerer Gespräche
- Du kannst allein dort sein, ohne dich einsam zu fühlen – alle sind mit ihren eigenen Aktivitäten beschäftigt
- Regelmäßige Besuche führen zu Vertrautheit – sowohl mit dem Personal als auch mit anderen Stammgästen
- Es ist ein natürlicher Ort für kurze, unverbindliche Interaktionen, die sich mit der Zeit vertiefen können

Vom anonymen Gast zum Stammgast

Der erste Schritt ist, zum Stammgast zu werden. Das bedeutet:

1. **Regelmäßigkeit**: Besuche dasselbe Café mehrmals pro Woche, idealerweise zur selben Tageszeit
2. **Wiedererkennbarkeit**: Bestelle oft das Gleiche, damit das Personal dich leichter wiedererkennt
3. **Sichtbarkeit**: Setze dich nicht in die hinterste Ecke, sondern wähle einen Platz, der soziale Interaktionen ermöglicht

4. **Offenheit**: Vergrabe dich nicht komplett hinter deinem Laptop oder Buch – schau gelegentlich auf und nimm deine Umgebung wahr

Vom Stammgast zum sozialen Anker

Wenn du regelmäßig da bist und vom Personal erkannt wirst, kannst du beginnen, deine soziale Präsenz auszubauen:

1. **Lerne Namen**: Frage den Barista oder die Bedienung nach seinem/ihrem Namen und verwende ihn bei deinem nächsten Besuch
2. **Zeige Interesse**: Stelle einfache Fragen wie "Wie war dein Tag?" oder "Ist heute viel los?"
3. **Werde zum Brückenbauer**: Wenn du andere Stammgäste kennst, stelle sie einander vor – eine der wertvollsten sozialen Fähigkeiten
4. **Gib etwas zurück**: Kleine Gesten wie ein großzügiges Trinkgeld oder ein aufrichtiges Kompliment können viel bewirken

Der Sprung zum Kaffeehaus-Star

Was macht einen Kaffeehaus-Star aus? Nicht unbedingt jemanden, der ständig im Mittelpunkt steht, sondern eine Person, die als positiver Teil der Gemeinschaft wahrgenommen wird. Jemand, dessen Anwesenheit bemerkt und dessen Abwesenheit vermisst wird.

Um dahin zu kommen:

1. **Sei konsistent**: Halte deinen Rhythmus bei und werde zu einem festen Bestandteil des Orts
2. **Sei großzügig**: Nicht nur mit Geld, sondern mit Aufmerksamkeit, Komplimenten und kleinen Gefälligkeiten
3. **Sei authentisch**: Menschen spüren, wenn jemand eine Rolle spielt – sei eine echte, wenn auch vielleicht etwas mutigere Version deiner selbst
4. **Sei geduldig**: Tiefere Verbindungen brauchen Zeit – manchmal Monate regelmäßiger kleiner Interaktionen

Kaffeehaus-Tipp: Werde zum "Stammtisch-Initiator". In vielen Cafés gibt es Stammtische für Schachspieler, Sprachgruppen oder Buchclubs. Wenn es keinen gibt, der zu deinen Interessen passt, frage den Besitzer, ob du einen starten kannst. Ein "French Conversation Table" jeden Donnerstagabend oder ein "Kreatives Schreiben Treff" am Sonntagmorgen kann ein wundervoller Weg sein, gleichgesinnte Menschen kennenzulernen.

"Hallo" sagen ohne in Schweiß auszubrechen

Für manche Menschen ist das einfache Wort "Hallo" mit mehr Angstschweiß verbunden als ein Marathonlauf bei 30 Grad im Schatten. Wenn du zu diesen Menschen gehörst, bist du nicht allein. Die gute Nachricht ist: Wie jede andere Fähigkeit kann auch das Ansprechen von Menschen geübt und verbessert werden.

Die Anatomie einer Begrüßung

Lass uns das "Hallo" in seine Bestandteile zerlegen:

1. **Der Blickkontakt**: Kurz, aber vorhanden. Nicht starren, aber auch nicht komplett vermeiden.
2. **Die Körperhaltung**: Leicht zugewandt, offen. Keine verschränkten Arme.
3. **Das Lächeln**: Ein kleines, natürliches Lächeln. Kein erzwungenes Grinsen.
4. **Die Stimme**: Klar, in normaler Lautstärke. Nicht murmeln, nicht schreien.
5. **Die Worte**: Ein einfaches "Hallo", "Guten Morgen" oder "Hi" reicht völlig aus.

Keiner dieser Schritte ist unmöglich, und zusammen bilden sie eine grundlegende menschliche Interaktion, die seit Jahrtausenden funktioniert.

Übung macht den Meister

Wie bei jeder Fähigkeit gilt: Je öfter du es tust, desto leichter wird es. Hier sind einige Übungen, um dein "Hallo"-Muskel zu trainieren:

Die Zahlen-Herausforderung:

Setze dir ein tägliches Ziel für die Anzahl der "Hallos", die du sagen möchtest. Beginne mit einer machbaren Zahl – vielleicht drei pro Tag – und steigere sie langsam.

Die Niedrig-Risiko-Zone:

Starte mit Menschen, bei denen eine Begrüßung "erwartet" wird und daher weniger beängstigend ist:

- Der Paketbote
- Die Kassiererin im Supermarkt
- Der Sicherheitsmann am Eingang
- Die Rezeptionistin im Bürogebäude

Die Upgrade-Technik:

Verbessere dein grundlegendes "Hallo" durch einen kleinen Zusatz:

- "Hallo, schöner Tag heute, oder?"
- "Guten Morgen! Wie geht's Ihnen heute?"
- "Hi! Ich mag Ihre Brille/Tasche/Schuhe."

Die Wiederholungs-Strategie:

Nutze dieselben Wege und Routinen, um denselben Menschen mehrfach zu begegnen. Ein zweites oder drittes "Hallo" zur gleichen Person ist immer leichter als das erste.

"Hallo"-Tipp: Übe dein "Hallo" vor dem Spiegel oder nimm es mit deinem Handy auf. Oft klingen und wirken wir viel unsicherer in unserem Kopf, als wir es tatsächlich nach außen zeigen.

Wenn das "Hallo" schiefgeht

Selbst das einfachste "Hallo" kann manchmal schiefgehen: Die andere Person überhört es, reagiert abweisend oder ignoriert dich. Das ist normal und passiert jedem. Wichtig ist, wie du damit umgehst:

1. **Nimm es nicht persönlich**: Die meisten negativen Reaktionen haben nichts mit dir zu tun. Vielleicht hat die Person einen schlechten Tag, Kopfschmerzen oder ist in Gedanken.
2. **Lerne daraus, ohne zu überanalysieren**: War deine Stimme vielleicht zu leise? War der Zeitpunkt ungünstig? Ziehe eine schnelle Lehre und geh weiter.

3. **Mach weiter**: Ein misslungenes "Hallo" bedeutet nicht, dass alle zukünftigen "Hallos" scheitern werden. Die nächste Person wird vielleicht mit einem strahlenden Lächeln antworten.
4. **Belohne den Versuch, nicht das Ergebnis**: Jedes Mal, wenn du "Hallo" sagst – unabhängig von der Reaktion – trainierst du deinen sozialen Muskel.

Smalltalk für Einsamkeits-Experten

Ah, Smalltalk – oft verschmäht als oberflächlich und bedeutungslos, doch tatsächlich ein entscheidendes soziales Schmiermittel und der Türöffner zu tieferen Verbindungen. Besonders für Menschen, die lange einsam waren, kann Smalltalk wie eine Fremdsprache wirken, die sie nie wirklich gelernt haben.

Warum Smalltalk wichtig ist

Smalltalk erfüllt mehrere wichtige Funktionen:
- Er schafft eine Atmosphäre der Sicherheit und Vertrautheit
- Er testet auf unverbindliche Weise die soziale Kompatibilität
- Er entdeckt potenzielle gemeinsame Interessen
- Er öffnet die Tür für bedeutungsvollere Gespräche

Smalltalk zu überspringen und direkt mit tiefgründigen oder persönlichen Themen zu beginnen, ist wie der Versuch, ein Auto im fünften Gang anzufahren – es wird stottern und abwürgen.

Die FORD-Methode für mühelosen Smalltalk

Eine einfache Methode, um Gesprächsthemen zu finden, ist die FORD-Methode. FORD steht für:
- **F**amilie: "Hast du Geschwister?" oder "Wohnst du schon lange in dieser Stadt?"
- **O**ccupation (Beruf): "Was machst du beruflich?" oder "Wie bist du zu diesem Job gekommen?"
- **R**ecreation (Freizeit): "Was machst du gerne am Wochenende?" oder "Hast du die neue Serie schon gesehen?"
- **D**reams (Träume): "Wenn du eine Reise machen könntest, wohin würde es gehen?" oder "Was wolltest du als Kind werden?"

Diese Themen sind unverfänglich, universell und bieten zahlreiche Anknüpfungspunkte für weitere Gespräche.

Der Flow des Smalltalks

Ein gutes Smalltalk-Gespräch folgt einem natürlichen Rhythmus:

1. **Der Opener**: Eine einfache Bemerkung oder Frage, oft bezogen auf den geteilten Kontext
    - "Ist das Ihr erster Besuch in diesem Café?"
    - "Die Schlange ist heute aber lang, oder?"
    - "Tolles Wetter heute!"

2. **Die Erweiterung**: Eine Frage oder Aussage, die über den Opener hinausgeht
    - "Ich komme öfter her, weil ich die Zimtschnecken liebe. Haben Sie schon etwas probiert?"
    - "Ich frage mich, ob es an dem neuen Angebot liegt, dass heute so viel los ist."
    - "Nach dem ganzen Regen letzte Woche ist das wirklich eine willkommene Abwechslung."

3. **Der persönliche Touch**: Ein kleines Detail über dich, das die Tür für ein echtes Gespräch öffnet
    - "Ich arbeite von zu Hause und komme her, wenn ich unter Menschen sein möchte."
    - "Normalerweise vermeide ich solche Schlangen, aber die Croissants hier sind die Wartezeit wert."
    - "Ich nutze das schöne Wetter für einen Spaziergang in der Mittagspause."

4. **Der Übergang**: Jetzt wird's interessanter – hier beginnt das eigentliche Gespräch
    - "Arbeiten Sie auch in der Nähe?"
    - "Haben Sie einen Geheimtipp für gutes Gebäck in der Stadt?"
    - "Haben Sie am Wochenende auch das gute Wetter genutzt?"

Die Kunst des Zuhörens

Der wichtigste Teil des Smalltalks – und jeder Konversation – ist nicht das Reden, sondern das Zuhören. Aktives Zuhören bedeutet:

- Der anderen Person deine volle Aufmerksamkeit schenken
- Mit Gesichtsausdrücken und kleinen verbalen Signalen zeigen, dass du zuhörst ("Mmm", "Interessant", "Ach wirklich?")
- An das Gesagte anknüpfen, statt nur darauf zu warten, dass du an der Reihe bist
- Offene Fragen stellen, die mehr als ein "Ja" oder "Nein" erfordern

Smalltalk-Tipp: Eine einfache Technik für besseren Smalltalk ist die "Ja, und..."-Methode aus dem Improvisationstheater. Statt mit "Nein" oder "Aber" zu antworten, versuche mit "Ja, und..." weiterzumachen. Zum Beispiel: "Ja, der Kaffee hier ist wirklich gut, und hast du schon ihre selbstgemachten Kekse probiert?"

Smalltalk beenden

Ebenso wichtig wie der Einstieg in ein Gespräch ist der Ausstieg. Ein gutes Ende hinterlässt einen positiven Eindruck und öffnet die Tür für zukünftige Interaktionen.

Ein guter Gesprächsabschluss enthält:

1. **Eine positive Bemerkung**: "Es war wirklich nett, mit Ihnen zu plaudern."
2. **Einen Grund zum Gehen**: "Ich muss leider los, mein Bus kommt gleich."
3. **Optional: Eine Brücke zur Zukunft**: "Vielleicht sehen wir uns hier wieder?"

Smalltalk-Abschluss-Tipp: Wenn du das Gefühl hast, dass ihr euch gut verstanden habt, sei mutig und schlage eine konkretere zukünftige Interaktion vor: "Ich bin oft dienstags hier – vielleicht sieht man sich wieder?" oder sogar "Ich fand unser Gespräch wirklich interessant. Würden Sie vielleicht mal einen Kaffee mit mir trinken wollen?"

In diesem Kapitel hast du die ersten Schritte aus deiner Komfortzone gemacht. Du hast gelernt, wie du mit der 5-Minuten-Regel soziale Situationen meistern kannst, wie du als Stammgast in einem Café allmählich Verbindungen aufbaust, wie du selbstbewusst "Hallo" sagst und wie du Smalltalk führst, der echte Gespräche ermöglicht.

Denk daran: Die Welt da draußen wartet auf dich – nicht mit einer garantierten Glücksformel, sondern mit unzähligen Möglichkeiten für menschliche Verbindung. Jeder kleine Schritt, den du aus deiner Komfortzone machst, ist ein Sieg. Und mit jedem "Hallo", jedem kurzen Gespräch und jedem Lächeln wird der nächste Schritt ein bisschen leichter.

Im nächsten Kapitel werden wir uns damit beschäftigen, wie du dein Selbstbild verändern und eine neue soziale Identität entwickeln kannst – weg vom "einsamen Ich" hin zum "verbundenen Ich".

"Ich bin einfach kein Partymensch." "Ich war schon immer eher der stille Typ." "Bei mir ist das eben so – ich bin nicht gut mit Menschen."

Kommen dir solche Sätze bekannt vor? Vielleicht hast du sie selbst schon oft gesagt oder gedacht. Es sind bequeme Erklärungen, die uns dabei helfen, unser soziales Unbehagen zu rationalisieren. Das Problem ist nur: Diese Erklärungen können zu selbsterfüllenden Prophezeiungen werden. Je öfter du dir sagst (und anderen), dass du "einfach so bist", desto mehr glaubst du daran, und desto mehr richtest du dein Verhalten danach aus.

In diesem Kapitel geht es darum, deine soziale Identität zu überdenken und neu zu gestalten. Nicht, um dich in jemand anderen zu verwandeln – du musst nicht plötzlich zum extravertierten Partylöwen werden –, sondern um dir die Freiheit zu geben, dich weiterzuentwickeln und neue Seiten an dir zu entdecken.

Warum dein Selbstbild dich einsam macht

Unser Selbstbild – wie wir uns selbst sehen und definieren – hat einen enormen Einfluss darauf, wie wir handeln und wie andere auf uns reagieren. Wenn du dich selbst als "den Einsamen" oder "die Schüchterne" oder "den gesellschaftlich Unbeholfenen" siehst, wird dieses Selbstbild zu einer Art innerem Skript, dem du unbewusst folgst.

Die Macht der Etiketten

Psychologen sprechen von "Etikettierung" – dem Prozess, bei dem wir uns selbst (oder anderen) bestimmte Eigenschaften zuschreiben und diese dann als unveränderliche Tatsachen behandeln. Das Problem mit Etiketten ist, dass sie aus vorübergehenden Zuständen dauerhafte Eigenschaften machen.

Vergleiche diese beiden Aussagen:

- "Ich bin ein einsamer Mensch."
- "Ich fühle mich momentan einsam."

Der erste Satz definiert deine Identität, der zweite beschreibt einen temporären Zustand. Der Unterschied mag subtil erscheinen, ist aber entscheidend. Der erste Satz lässt keinen Raum für Veränderung, der zweite schon.

Die "soziale Identitätsfalle"

Viele einsame Menschen stecken in dem fest, was ich die "soziale Identitätsfalle" nenne. Sie haben ein Selbstbild entwickelt, das Einsamkeit als festen Bestandteil ihrer Persönlichkeit betrachtet. Dieses Selbstbild führt dann zu Verhaltensweisen, die die Einsamkeit verstärken:

- Sie vermeiden soziale Situationen, weil "das nichts für sie ist"
- Sie gehen davon aus, dass andere sie ablehnen werden, und verhalten sich entsprechend reserviert
- Sie interpretieren neutrale Reaktionen anderer als Bestätigung ihrer Unzulänglichkeit
- Sie lehnen Einladungen ab, weil sie glauben, "sowieso nicht dazuzugehören"

Und damit schließt sich der Teufelskreis: Das negative Selbstbild führt zu sozialem Rückzug, der Rückzug bestätigt das negative Selbstbild.

Dein Gehirn – dein Freund und Feind

Unser Gehirn liebt Effizienz. Es versucht ständig, Energie zu sparen, indem es Abkürzungen nimmt. Eine dieser Abkürzungen ist die Bestätigungsverzerrung: Wir nehmen bevorzugt Informationen wahr, die unsere bestehenden Überzeugungen bestätigen.

Wenn du glaubst, dass du "schlecht mit Menschen" bist, wird dein Gehirn jeden sozialen Fauxpas, jedes peinliche Schweigen, jede nicht erwiderte Nachricht als Beweis für diese Überzeugung registrieren. Gleichzeitig wird es erfolgreiche Interaktionen, positive Rückmeldungen und Momente der Verbundenheit als Ausnahmen abtun oder ganz übersehen.

Das bedeutet: Um dein Selbstbild zu verändern, musst du aktiv gegen die Tendenz deines Gehirns ankämpfen, in alten Mustern zu denken.

Selbstbild-Tipp: Beginne ein "Erfolgstagebuch" für soziale Interaktionen. Notiere jeden Tag mindestens eine positive soziale Erfahrung – sei es ein nettes Gespräch, ein Lächeln, das du mit jemandem geteilt hast, oder ein Moment, in dem du dich verbunden gefühlt hast. So trainierst du dein Gehirn, diese positiven Erfahrungen stärker wahrzunehmen.

Das "Ich kann das nicht"-Mantra loswerden

"Ich kann das nicht" ist ein Mantra, das sich bei vielen einsamen Menschen tief ins Bewusstsein eingeprägt hat. Es bezieht sich auf alles Soziale: Smalltalk führen, Freundschaften schließen, auf Fremde zugehen, um Hilfe bitten – die Liste ist lang.

Dieses Mantra ist nicht nur falsch, es ist auch hinderlich. Es ist an der Zeit, es loszuwerden und durch produktivere Gedanken zu ersetzen.

Der Unterschied zwischen "Ich kann das nicht" und "Ich kann das noch nicht"

Eine kleine, aber mächtige Änderung ist das Hinzufügen des Wortes "noch". Vergleiche:

- "Ich kann keinen Smalltalk führen."
- "Ich kann noch keinen Smalltalk führen."

Der erste Satz ist eine Sackgasse. Der zweite öffnet die Tür für Wachstum und Lernen. Er impliziert, dass du diese Fähigkeit entwickeln kannst – und das kannst du tatsächlich.

Die Lernkurve akzeptieren

Eine der größten Herausforderungen beim Überwinden sozialer Ängste ist die Akzeptanz der Lernkurve. Wir alle akzeptieren, dass wir beim Erlernen eines Instruments, einer Sportart oder einer Fremdsprache zunächst unbeholfen sind. Aber bei sozialen Fähigkeiten? Da erwarten wir sofortige Perfektion.

Stelle dir vor, jemand würde nach der ersten Klavierstunde sagen: "Ich kann kein Klavier spielen. Ich bin nicht musikalisch." Absurd, oder? Genauso absurd ist es, nach einigen unangenehmen sozialen Erfahrungen zu sagen: "Ich kann nicht mit Menschen umgehen. Ich bin nicht gesellig."

Die Kraft des gezielten Übens

Um das "Ich kann das nicht"-Mantra loszuwerden, brauchst du Beweise für das Gegenteil. Und diese Beweise sammelst du durch gezieltes Üben:

1. **Starte mit Mikro-Herausforderungen**: Wähle soziale Aufgaben, die leicht außerhalb deiner Komfortzone liegen, aber machbar sind. Zum Beispiel: Begrüße den Busfahrer mit Namen, wenn du seinen Namensschild lesen kannst.

2. **Steigere dich langsam**: Erhöhe die Schwierigkeit schrittweise. Von einer Begrüßung zu einem kurzen Kommentar, von einem Kommentar zu einer Frage, von einer Frage zu einem längeren Gespräch.

3. **Finde deine Stärken**: Vielleicht bist du kein Meister des Smalltalks, aber gut im Zuhören. Oder du kannst Menschen zum Lachen bringen, wenn du dich sicher fühlst. Baue auf deinen Stärken auf.

4. **Lerne von Vorbildern**: Beobachte Menschen, die sozial kompetent sind. Was genau tun sie? Wie beginnen sie Gespräche? Wie halten sie Blickkontakt? Du musst nicht ihre Persönlichkeit kopieren, aber du kannst ihre Techniken adaptieren.

"Ich kann das"-Tipp: Wähle einen sozialen Bereich, in dem du dich verbessern möchtest, und formuliere ein positives Gegenstück zu deinem "Ich kann das nicht"-Mantra. Zum Beispiel: "Ich lerne, ein guter Zuhörer zu werden" oder "Ich werde jeden Tag besser darin, Gespräche zu beginnen." Wiederhole diesen Satz mehrmals täglich, besonders vor sozialen Situationen.

Soziale Muskeln trainieren: Dein 4-Wochen-Plan

Soziale Fähigkeiten sind wie Muskeln: Sie werden durch regelmäßiges Training stärker. Und wie beim körperlichen Training gilt: Es ist besser, regelmäßig ein bisschen zu trainieren als einmal im Monat bis zur völligen Erschöpfung.

Hier ist ein 4-Wochen-Plan, um deine sozialen Muskeln aufzubauen — mit täglichen Übungen, die jeweils nur wenige Minuten dauern, aber langfristig große Wirkung entfalten können.

Woche 1: Grundlagen stärken

Montag bis Sonntag: Die tägliche Begrüßung

Sprich jeden Tag mindestens eine Person mit einer Begrüßung und ihrem Namen an. Das kann der Barista im Café sein ("Guten Morgen, Marco!"), ein Kollege oder ein Nachbar. Achte auf ihre Reaktion – meistens ist sie positiv!

Zusätzlich: Die Spiegelübung

Nimm dir jeden Tag 2 Minuten Zeit vor dem Spiegel. Übe Blickkontakt (mit dir selbst), ein natürliches Lächeln und eine offene Körperhaltung. Es mag sich zunächst seltsam anfühlen, aber diese non-verbalen Signale sind entscheidend für erfolgreiche soziale Interaktionen.

Woche 2: Fragen und Zuhören

Montag bis Sonntag: Die tägliche Frage

Stelle jeden Tag mindestens einer Person eine offene Frage, die mehr als ein "Ja" oder "Nein" erfordert. Zum Beispiel: "Wie war dein Wochenende?" statt "War dein Wochenende gut?". Übe aktives Zuhören, wenn sie antwortet.

Zusätzlich: Das Interesse-Tagebuch

Notiere jeden Abend drei Dinge, die du über andere Menschen erfahren hast. Es können kleine Details sein ("Stefan hat zwei Katzen") oder tiefere Erkenntnisse ("Julia liebt ihren Job, aber vermisst ihre Heimatstadt"). Diese Übung schärft deine Wahrnehmung für andere und hilft dir, Gesprächsthemen zu finden.

Woche 3: Initiative ergreifen

Montag bis Sonntag: Der tägliche Vorschlag

Mache jeden Tag mindestens einen Vorschlag für eine gemeinsame Aktivität. Es muss nichts Großes sein – vielleicht ein gemeinsamer Kaffee in der Pause, ein Spaziergang mit einem Nachbarn oder das Teilen eines interessanten Artikels mit einem Bekannten. Die Person kann ablehnen – das ist in Ordnung. Es geht darum, die Initiative zu ergreifen.

Zusätzlich: Die Absage-Entgiftung

Wenn jemand deinen Vorschlag ablehnt, nimm dir bewusst Zeit, um deine Reaktion darauf zu reflektieren. Schreibe drei alternative Erklärungen auf, die nichts mit deinem persönlichen Wert zu tun haben ("Sie hatte wahrscheinlich schon Pläne", "Es war vielleicht nicht der richtige Zeitpunkt", "Sie könnte gerade gestresst sein").

Woche 4: Tiefe schaffen

Montag bis Sonntag: Die tägliche Selbstoffenbarung
Teile jeden Tag mit mindestens einer Person etwas Persönliches (aber angemessenes). Es kann etwas Einfaches sein wie "Ich liebe diesen Film auch – besonders die Szene, in der..." oder etwas Tieferes wie "Ich habe mich früher oft einsam gefühlt, aber in letzter Zeit versuche ich, mehr unter Menschen zu gehen."

Zusätzlich: Die Verbindungs-Reflexion
Nimm dir jeden Abend fünf Minuten Zeit, um über ein Gefühl der Verbundenheit nachzudenken, das du an diesem Tag erlebt hast – sei es noch so klein. Vielleicht hat jemand deinen Witz verstanden, oder ihr habt gleichzeitig über etwas gelacht, oder du hast für einen kurzen Moment das Gefühl gehabt, wirklich gehört zu werden.

Nach den 4 Wochen: Fortschritte feiern und weitermachen

Nach vier Wochen konsequenten Trainings wirst du bereits Veränderungen bemerken – vielleicht subtil, aber real. Nimm dir Zeit, um diese Veränderungen zu würdigen. Was fällt dir jetzt leichter? Wo spürst du noch Widerstand?

Auf Basis dieser Reflexion kannst du deinen persönlichen Trainingsplan für die nächsten Wochen erstellen – mit Übungen, die auf deine spezifischen Bedürfnisse und Ziele zugeschnitten sind.

4-Wochen-Plan-Tipp: Suche dir einen "Trainingspartner" – jemanden, mit dem du deine Fortschritte teilen kannst und der dich motiviert, dranzubleiben. Das kann ein Freund, ein Familienmitglied oder sogar ein Online-Kontakt sein. Die Verbindlichkeit gegenüber einer anderen Person erhöht die Wahrscheinlichkeit, dass du den Plan durchziehst.

Die Kunst, Nein zu sagen (wenn du doch mal Ruhe brauchst)

Es mag paradox klingen, in einem Buch über die Überwindung von Einsamkeit über das Neinsagen zu sprechen. Aber die Fähigkeit, gesunde Grenzen zu setzen, ist ein entscheidender Teil einer gesunden sozialen Identität. Warum? Weil es dir die Kontrolle über deine sozialen Interaktionen gibt und verhindert, dass du dich überfordert und ausgebrannt fühlst.

Warum "Nein" sagen so schwer ist

Für viele einsame Menschen ist die Vorstellung, eine soziale Einladung abzulehnen, fast undenkbar. "Wenn ich endlich eingeladen werde und dann absage, wird niemand mich je wieder einladen!" Diese Angst führt dazu, dass sie zu allem Ja sagen – auch zu Aktivitäten, die sie überfordern oder die ihnen keinen echten Mehrwert bieten.

Das Ergebnis? Soziale Erschöpfung, die paradoxerweise dazu führen kann, dass sie sich noch isolierter fühlen, weil soziale Interaktionen mit negativen Gefühlen verbunden werden.

Der Unterschied zwischen "Nein" zum Menschen und "Nein" zur Aktivität

Ein wichtiger Unterschied, den wir verinnerlichen müssen: Wenn wir eine Einladung ablehnen, sagen wir nicht Nein zu der Person, sondern zu der spezifischen Aktivität oder dem Zeitpunkt.

Vergleiche diese beiden Absagen:
1. "Nein, ich kann nicht kommen." (Klingt nach einer generellen Ablehnung)
2. "Danke für die Einladung! Heute Abend passt es mir leider nicht, aber ich würde sehr gerne ein andermal mit dir etwas unternehmen." (Lehnt nur den spezifischen Vorschlag ab, bestätigt aber das Interesse an der Beziehung)

Die zweite Version macht deutlich, dass die Absage nichts mit der Person zu tun hat, und bietet gleichzeitig eine Brücke für zukünftige Interaktionen.

Die Sandwich-Methode des Neinsagens

Eine effektive Technik für höfliche Absagen ist die Sandwich-Methode:

1. **Die positive Einleitung**: Dank oder Wertschätzung für die Einladung
2. **Die Absage**: Ein klares, aber freundliches Nein mit einer kurzen (aber nicht ausschweifenden) Begründung
3. **Der positive Abschluss**: Ein alternativer Vorschlag oder der Ausdruck von Interesse an zukünftigen Treffen

Zum Beispiel: "Danke, dass du an mich gedacht hast! (positiv) Leider kann ich am Samstag nicht zur Party kommen, da ich schon etwas anderes vorhabe. (Absage) Aber ich würde mich freuen, wenn wir bald mal einen Kaffee trinken könnten! (positiv)"

Der Energie-Haushalt: Wann "Nein" die richtige Antwort ist

Als einsamer Mensch, der versucht, mehr soziale Verbindungen aufzubauen, solltest du natürlich oft "Ja" sagen zu Einladungen und Gelegenheiten. Aber nicht zu jeder. Hier sind einige Situationen, in denen ein "Nein" die gesündere Wahl sein kann:

- Wenn dich die Aktivität mit Menschen zusammenbringt, die dich konsistent negativ beeinflussen
- Wenn du bereits so erschöpft bist, dass du die Interaktion nicht genießen könntest
- Wenn die Aktivität so weit außerhalb deiner Komfortzone liegt, dass sie mehr Stress als Freude bringen würde
- Wenn du die Zeit für notwendige Selbstfürsorge brauchst

Nein-Sagen-Tipp: Übe deine Absagen vor dem Spiegel oder schreibe sie auf, bevor du sie übermittelst. Das gibt dir die Möglichkeit, deinen Wortlaut zu überprüfen und sicherzustellen, dass er sowohl klar als auch freundlich ist.

Die Balance: Wann du trotz Bedenken "Ja" sagen solltest

Während es wichtig ist, Grenzen zu setzen, gibt es auch Situationen, in denen ein "Ja" trotz anfänglicher Bedenken die bessere Wahl sein kann – besonders wenn du aktiv daran arbeitest, deine Einsamkeit zu überwinden.

Erwäge ein "Ja", wenn:

- Die Einladung von jemandem kommt, mit dem du eine tiefere Verbindung aufbauen möchtest
- Die Aktivität eine gute Gelegenheit bietet, neue Menschen kennenzulernen
- Du zwar nervös bist, aber die Aktivität im Rahmen deiner Belastbarkeit liegt
- Du schon länger keine soziale Aktivität mehr unternommen hast

In diesen Fällen kann ein "Ja" – selbst wenn es mit einem gewissen Unbehagen verbunden ist – eine Investition in dein soziales Wohlbefinden sein.

Balance-Tipp: Führe ein "Ja-/Nein-Tagebuch". Notiere, wann du zu etwas Ja oder Nein gesagt hast, und wie du dich danach gefühlt hast. Mit der Zeit wirst du Muster erkennen und besser einschätzen können, welche Arten von Aktivitäten und Menschen dir guttun.

In diesem Kapitel hast du gelernt, wie dein Selbstbild deine soziale Realität beeinflusst, wie du das "Ich kann das nicht"-Mantra überwindest, wie du mit einem 4-Wochen-Plan deine sozialen Fähigkeiten systematisch trainierst und wie du die Kunst des Neinsagens meisterst, um gesunde Grenzen zu setzen.

Deine soziale Identität ist nicht in Stein gemeißelt. Sie ist formbar, entwicklungsfähig und – am wichtigsten – sie liegt in deinen Händen. Du bist nicht "der einsame Typ" oder "die schüchterne Frau", es sei denn, du entscheidest dich, diese Etiketten zu akzeptieren und danach zu leben.

Stattdessen kannst du dich entscheiden, jemand zu sein, der an seinen sozialen Fähigkeiten arbeitet. Jemand, der mutig genug ist, sich verletzlich zu zeigen. Jemand, der nach und nach die Kunst der menschlichen Verbindung erlernt. Diese neue soziale Identität wird nicht über Nacht entstehen, aber mit jedem kleinen Schritt, den du unternimmst, wird sie ein Stück mehr Realität.

Im nächsten Kapitel werden wir uns damit beschäftigen, wie du Menschen findest, die zu dir passen – denn nicht jede soziale Verbindung ist gleich wertvoll, und die richtigen Menschen zu finden ist oft der Schlüssel, um dauerhafte Einsamkeit zu überwinden.

Nachdem du an deiner sozialen Identität gearbeitet und deine ersten Schritte aus der Komfortzone gemacht hast, ist es an der Zeit, sich der nächsten großen Frage zu widmen: Wo und wie findest du Menschen, mit denen du dich wirklich verbunden fühlen kannst?

Diese Frage ist entscheidend, denn nicht jede soziale Verbindung hat die gleiche Qualität. Manche Bekanntschaften bleiben oberflächlich, andere entwickeln sich zu tiefen, nährenden Freundschaften. Der Unterschied liegt oft nicht in der Häufigkeit der Kontakte, sondern in der grundlegenden Kompatibilität – der Frage, ob ihr zueinander passt.

In diesem Kapitel werden wir erkunden, wie du Menschen findest, mit denen du auf einer Wellenlänge liegst. Menschen, bei denen du dich nicht verbiegen oder verstellen musst. Menschen, die dich so akzeptieren, wie du bist, und mit denen du dich wohlfühlst.

Interessen als Türöffner: Vom Hobby zum Freundeskreis

Eine der effektivsten und natürlichsten Methoden, um gleichgesinnte Menschen kennenzulernen, ist über gemeinsame Interessen und Hobbys. Warum? Weil ihr sofort etwas habt, worüber ihr sprechen könnt, und eine Aktivität, die ihr teilen könnt – ohne dass der Fokus ausschließlich auf dem "Kennenlernen" liegt, was den Druck erheblich reduziert.

Die Macht des gemeinsamen Tuns

Menschen verbinden sich leichter, wenn sie gemeinsam etwas tun, anstatt nur zu reden. Eine geteilte Aktivität:

- Überbrückt die anfängliche Unbeholfenheit, weil ihr etwas Konkretes habt, worauf ihr euch konzentrieren könnt
- Gibt natürliche Gesprächsthemen vor
- Zeigt euch gegenseitig in Aktion, nicht nur in Worten
- Schafft gemeinsame Erfahrungen, die verbinden

Deine Interessen kartieren

Der erste Schritt ist, deine eigenen Interessen zu kartieren – sowohl die, die du bereits aktiv verfolgst, als auch die, die du schon immer ausprobieren wolltest. Erstelle zwei Listen:

Liste 1: Meine aktuellen Hobbys und Interessen

- …
- …
- …

Liste 2: Dinge, die ich gerne ausprobieren würde

- …
- …
- …

Schau dir nun diese Listen an und überlege: Welche dieser Interessen haben das Potenzial, dich mit anderen Menschen zusammenzubringen? Ein Interesse wie Lesen ist wunderbar, aber tendenziell eine Einzelaktivität – es sei denn, du trittst einem Buchclub bei. Wandern hingegen kann sowohl allein als auch in einer Gruppe genossen werden.

Von der Solo-Aktivität zur Gruppenaktivität

Für jedes Interesse auf deinen Listen, überprüfe, ob es eine entsprechende Gruppenaktivität gibt:

- **Lesen** → Buchclubs, Literaturkreise, Lesungen, Schreibworkshops
- **Kochen** → Kochkurse, Food-Sharing-Gruppen, kulinarische Stadtführungen
- **Sport** → Mannschaftssportarten, Laufgruppen, Wandervereine, Yoga-Klassen
- **Kreatives** → Mal-Workshops, Töpferkurse, Theatergruppen
- **Gaming** → Gaming-Cafés, LAN-Partys, Brettspielabende
- **Musik** → Chöre, Bands, Konzertbesuche, Musikfestivals
- **Sprachen** → Sprachcafés, Tandem-Partner, interkulturelle Veranstaltungen
- **Gesellschaftliches Engagement** → Ehrenamt, politische Gruppen, Nachbarschaftsinitiativen

Die richtigen Gruppen finden

Im Zeitalter des Internets war es nie einfacher, Gruppen zu finden, die deine Interessen teilen. Hier sind einige Startpunkte:

1. **Online-Plattformen**: Websites wie Meetup.com sind speziell darauf ausgerichtet, Menschen mit gemeinsamen Interessen zusammenzubringen. Auch Facebook-Gruppen, lokale Subreddits oder spezialisierte Foren können gute Ausgangspunkte sein.
2. **Lokale Angebote**: Volkshochschulen, Bürgerzentren, Bibliotheken und Sportvereine bieten zahlreiche Kurse und Gruppen an. Viele haben Schnupperangebote für Neulinge.
3. **Aushänge und lokale Presse**: In Supermärkten, Cafés und auf öffentlichen Anschlagtafeln finden sich oft Aushänge zu lokalen Gruppen und Veranstaltungen. Auch die Lokalzeitung oder Stadtteilmagazine sind gute Quellen.
4. **Apps**: Es gibt immer mehr Apps, die speziell für die Vermittlung von Freundschaften oder Aktivitätspartnern entwickelt wurden, wie Bumble BFF, Patook oder Nebenan.de.

Interessen-Tipp: Wähle zunächst eine Aktivität, bei der du dich sicher und kompetent fühlst. Wenn du bereits gut im Fotografieren bist, wird ein Fotografie-Kurs weniger einschüchternd sein als ein komplett neues Hobby. Sobald du dich wohler fühlst, kannst du auch Neues ausprobieren.

Der erste Besuch: Eine Schritt-für-Schritt-Anleitung

Der Gedanke, zum ersten Mal bei einer Gruppe aufzutauchen, kann einschüchternd sein. Hier ist eine Schritt-für-Schritt-Anleitung, um diesen Moment zu meistern:

1. **Vor dem Treffen**: Informiere dich gut über die Gruppe und das Event. Wann beginnt es, wo findet es statt, was wird erwartet? Viele Gruppen haben FAQs oder Informationen für Neulinge auf ihren Websites oder Social-Media-Seiten.
2. **Die Anreise**: Plane deine Route im Voraus und komme etwas früher an, um in Ruhe anzukommen. Frühes Erscheinen hat den

Vorteil, dass du die Organisatoren treffen kannst, bevor der Raum voll ist.

3. **Die ersten Minuten**: Stelle dich den Organisatoren vor und erwähne, dass du neu bist. Die meisten Gruppen haben Routinen, um Neuankömmlinge willkommen zu heißen.

4. **Währenddessen**: Konzentriere dich auf die Aktivität, nicht nur auf die sozialen Aspekte. Genieße das, was ihr gemeinsam tut, und lass Gespräche sich natürlich entwickeln.

5. **Zum Abschluss**: Bedanke dich bei den Organisatoren und drücke aus, dass du Spaß hattest (wenn es stimmt). Frage nach dem nächsten Treffen und ob es eine Möglichkeit gibt, auf dem Laufenden zu bleiben (Mailingliste, WhatsApp-Gruppe, etc.).

Erster-Besuch-Tipp: Wenn die Vorstellung, allein zu einem Treffen zu gehen, zu einschüchternd ist, frage einen Freund oder Familienmitglied, ob er/sie dich begleiten würde – nur für den ersten Besuch. Manchmal ist es leichter, einen "sozialen Anker" dabei zu haben.

Vom Hobby-Partner zum Freund

Die gemeinsame Aktivität ist der Anfang, aber nicht das Ende. Um aus Hobby-Partnern Freunde zu machen, musst du den Kontext erweitern:

1. **Gespräche vertiefen**: Gehe allmählich über das gemeinsame Hobby hinaus und lerne die Person besser kennen. "Wie bist du zu diesem Hobby gekommen?" ist eine gute Brückenfrage.

2. **Kleine Gesten**: Kleine Aufmerksamkeiten wie das Mitbringen eines Artikels, der für die andere Person interessant sein könnte, oder das Teilen eines relevanten Links zeigen, dass du an sie denkst.

3. **Kontext erweitern**: Schlage eine Aktivität außerhalb der Gruppe vor – vielleicht einen Kaffee vor oder nach dem eigentlichen Treffen, oder ein separates Event, das mit eurem gemeinsamen Interesse zu tun hat.

4. **Geduld haben**: Nicht jeder Hobby-Partner wird ein enger Freund, und das ist in Ordnung. Echte Freundschaften brauchen Zeit, um sich zu entwickeln.

Hobby-Freundschafts-Tipp: Wenn du jemanden in der Gruppe findest, mit dem du dich besonders gut verstehst, überlege, ob ihr zusammen zu einem weiteren Treffen oder einer anderen Gruppe gehen könntet. Gemeinsam neue soziale Situationen zu erkunden kann die Verbindung stärken und den Übergang von "Hobby-Bekannten" zu "echten Freunden" erleichtern.

Dating für Schüchterne (ohne Dating-Apps)

Obwohl dieses Buch primär auf Freundschaften und allgemeine soziale Verbindungen fokussiert ist, wäre es unvollständig, das Thema Dating auszulassen. Romantische Beziehungen sind für viele Menschen ein wichtiger Teil des sozialen Lebens, und Einsamkeit umfasst oft auch das Fehlen eines Partners oder einer Partnerin.

Dating kann für schüchterne oder sozial unsichere Menschen besonders herausfordernd sein, vor allem in der heutigen App-dominierten Welt, die manchmal mehr wie ein Vorstellungsgespräch als wie eine natürliche Begegnung wirkt. Hier sind einige Strategien für ein sanfteres, authentischeres Dating-Erlebnis.

Die Probleme mit Dating-Apps (und warum du sie vielleicht vermeiden solltest)

Dating-Apps haben ihre Berechtigung und können für manche Menschen gut funktionieren. Aber für schüchterne Personen oder solche, die bereits unter Einsamkeit leiden, können sie problematisch sein:

- Sie verstärken den Fokus auf den ersten Eindruck und oberflächliche Merkmale
- Sie schaffen einen Kontext, in dem Ablehnung schnell und häufig passiert
- Sie können das Gefühl verstärken, "bewertet" zu werden
- Sie setzen von Anfang an einen romantischen Kontext, was den Druck erhöht

Das bedeutet nicht, dass du sie komplett meiden solltest – aber es könnte hilfreich sein, zunächst andere Wege zu erkunden.

Die Macht des gemeinsamen Kontexts

Anstatt gezielt auf "Dates" zu gehen, konzentriere dich darauf, Situationen zu schaffen oder dich in Situationen zu begeben, in denen du natürlich mit potenziellen Partnern interagieren kannst:

1. **Interessenbasierte Gruppen**: Wie bereits besprochen, sind Hobby-Gruppen großartige Orte, um Menschen kennenzulernen – auch romantische Partner. Der Vorteil: Ihr habt bereits ein gemeinsames Interesse und könnt euch in einem entspannten Umfeld kennenlernen.
2. **Kurse und Workshops**: Ein Kochkurs, ein Tanzkurs oder ein Sprachkurs bietet nicht nur die Möglichkeit, neue Fähigkeiten zu erlernen, sondern auch, mit anderen in einem strukturierten Rahmen zu interagieren.
3. **Freiwilligenarbeit**: Gemeinsam für eine gute Sache zu arbeiten, schafft eine bedeutungsvolle Verbindung und zeigt euch gegenseitig von eurer besten Seite.
4. **Freundeskreise erweitern**: Sobald du einige Freundschaften aufgebaut hast, werden sich natürlich Gelegenheiten ergeben, deren Freunde kennenzulernen – oft in entspannten Gruppensituationen wie Grillabenden oder Hauspartys.

Das entspannte "Nicht-Date"

Ein Nicht-Date ist ein Treffen, das alle Eigenschaften eines angenehmen Dates hat, ohne den expliziten romantischen Druck. Es geht darum, Zeit mit jemandem zu verbringen, den du interessant findest, in einem Kontext, der Raum für Verbindung lässt, aber nicht explizit romantisch ist.

Beispiele für gute Nicht-Dates:

- Ein Spaziergang durch einen Park oder eine interessante Nachbarschaft
- Der Besuch eines Museums oder einer Ausstellung
- Ein Kaffee in einem gemütlichen Café

- Eine gemeinsame Aktivität wie Minigolf oder eine Fahrradtour

Das Schöne an Nicht-Dates ist, dass sie weniger Druck erzeugen und gleichzeitig genug Zeit und Raum bieten, um sich kennenzulernen und festzustellen, ob eine Anziehung besteht.

Von der Freundschaft zur Romanze: Ein Übergang

Viele bedeutungsvolle romantische Beziehungen beginnen als Freundschaften. Dieser Weg kann besonders für schüchterne Menschen vorteilhaft sein, da:

- Ihr euch bereits kennt und miteinander wohlfühlt
- Das Fundament des gegenseitigen Respekts und der Wertschätzung bereits gelegt ist
- Der Übergang natürlicher und weniger abrupt sein kann

Wenn du merkst, dass sich deine Gefühle für einen Freund oder eine Freundin vertiefen, gibt es sanfte Wege, dies zu erkunden:

1. **Erhöhe leicht die körperliche Nähe**: Ein leichter Arm um die Schulter, eine längere Umarmung zur Begrüßung oder Abschied, oder nebeneinander sitzen statt gegenüber können subtile Signale senden.
2. **Vertiefe eure Gespräche**: Teile etwas Persönlicheres als gewöhnlich und schau, ob die andere Person ähnlich reagiert.
3. **Schaffe "romantischere" Kontexte**: Schlage Aktivitäten vor, die eher einem Date ähneln – ein Abendessen bei Kerzenschein statt des üblichen Mittagessens, oder ein Spaziergang bei Sonnenuntergang.
4. **Sei ehrlich, aber sanft**: Wenn die Hinweise positiv aufgenommen werden, könnte es an der Zeit sein, deine Gefühle in Worte zu fassen – ohne Druck oder große Erwartungen.

Dating-Tipp für Schüchterne: Das Schlüsselwort ist "stufenweise". Erlaube dir, jemandem schrittweise näherzukommen, anstatt direkt in ein traditionelles Dating-Szenario zu springen. Beginne mit Gruppensituationen, gehe zu Einzelaktivitäten über, und lass die Romantik sich natürlich entwickeln, wenn sie da ist.

Freundschafts-Speed-Dating: So funktioniert's wirklich

In den letzten Jahren hat ein interessantes Phänomen an Popularität gewonnen: Freundschafts-Speed-Dating. Ähnlich wie das romantische Pendant, aber mit dem Ziel, potenzielle Freunde statt Partner zu finden. Diese strukturierten Events können eine effektive Möglichkeit sein, viele potenzielle neue Freunde in kurzer Zeit kennenzulernen.

Was ist Freundschafts-Speed-Dating?

Bei einem typischen Freundschafts-Speed-Dating-Event:
- Triffst du nacheinander auf verschiedene Personen für kurze Gespräche (oft 5-10 Minuten)
- Hast du vorbereitete Fragen oder Gesprächsthemen zur Verfügung
- Notierst du dir, mit wem du dich besonders gut verstanden hast
- Erhältst du die Kontaktdaten derjenigen, die ebenfalls Interesse an einem weiteren Treffen haben

Diese Events werden manchmal von Gemeinschaftszentren, Buchhandlungen, Cafés oder sogar speziellen Apps und Websites organisiert.

DIY Freundschafts-Speed-Dating

Du musst nicht auf ein offizielles Event warten – du kannst auch selbst eines organisieren:
1. **Finde einen Ort**: Ein Café mit separaten Tischen, ein Gemeinschaftsraum oder sogar dein Wohnzimmer kann funktionieren.
2. **Rekrutiere Teilnehmer**: Starte mit einigen Bekannten und bitte sie, jeweils einen oder zwei Freunde mitzubringen, die du noch nicht kennst. So hast du eine Mischung aus vertrauten und neuen Gesichtern.
3. **Strukturiere den Ablauf**: Halte es einfach – vielleicht 5-7 Minuten pro Gespräch, bevor gewechselt wird. Ein Handytimer funktioniert gut als Signal.
4. **Bereite Gesprächsstarter vor**: Schreibe einige Fragen auf Karten, die die Teilnehmer verwenden können, wenn das Gespräch ins Stocken gerät.

5. **Folge-Event planen**: Plane direkt ein entspannteres Folge-Treffen für alle Interessierten – vielleicht ein Picknick oder ein Spieleabend.

Gesprächsthemen, die verbinden

Hier sind einige Fragen, die tiefer gehen als der übliche Smalltalk, aber nicht zu persönlich sind für eine erste Begegnung:

- "Was hat dich in letzter Zeit begeistert oder fasziniert?"
- "Welches Buch, welcher Film oder welche Serie hat dich am meisten beeinflusst?"
- "Wenn du einen Tag in einer anderen Stadt verbringen könntest, welche wäre es und was würdest du tun?"
- "Was war das beste unerwartete Geschenk, das du je bekommen hast?"
- "Welches kleine Alltags-Ritual ist dir besonders wichtig?"
- "Was ist eine Fähigkeit, die du gerne erlernen würdest?"

Diese Fragen geben Einblick in Werte, Interessen und Persönlichkeit – oft bessere Indikatoren für Freundschaftspotenzial als die üblichen "Was machst du beruflich?"-Fragen.

Speed-Dating-Tipp: Der Schlüssel zu erfolgreichem Freundschafts-Speed-Dating ist die Nachbereitung. Kontaktiere diejenigen, mit denen du dich verbunden gefühlt hast, innerhalb von 48 Stunden mit einem konkreten Vorschlag für ein Wiedersehen.

Die perfekte Balance zwischen Geben und Nehmen

Eine der größten Herausforderungen in jeder Beziehung – ob Freundschaft oder Partnerschaft – ist die Balance zwischen Geben und Nehmen. Diese Balance ist besonders wichtig, wenn du aus der Einsamkeit kommst, da es leicht ist, in eines von zwei Extremen zu verfallen: zu viel geben oder zu viel erwarten.

Die Gefahren des Ungleichgewichts

Ein Ungleichgewicht in einer Beziehung kann in beide Richtungen problematisch sein:

Zu viel geben:

- Du erschöpfst dich emotional und praktisch
- Du ziehst möglicherweise Menschen an, die deine Großzügigkeit ausnutzen
- Du unterdrückst deine eigenen Bedürfnisse, was langfristig zu Verbitterung führen kann

Zu viel nehmen:

- Du belastest die andere Person übermäßig
- Die Beziehung wird einseitig und unbefriedigend für den anderen
- Die Verbindung kann schnell zusammenbrechen, wenn die andere Person erschöpft ist

Die Kunst des angemessenen Gebens

Gesundes Geben in einer Beziehung bedeutet:

1. **Authentisches Geben**: Gib, weil du geben möchtest, nicht um etwas zu bekommen oder jemanden zu manipulieren.
2. **Grenzen setzen**: Gib, was du wirklich geben kannst, ohne dich selbst zu erschöpfen oder zu vernachlässigen.
3. **Unterschiedliche "Währungen" erkennen**: Menschen geben auf verschiedene Weise – manche durch praktische Hilfe, andere durch emotionale Unterstützung, wieder andere durch Zeit oder Aufmerksamkeit.
4. **Auf Reziprozität achten**: In gesunden Beziehungen gibt es ein natürliches Gleichgewicht des Gebens und Nehmens – wenn auch nicht unbedingt in der gleichen "Währung" oder im gleichen Zeitrahmen.

Wie du erkennst, ob eine Beziehung ausgewogen ist

Hier sind einige Anzeichen für eine gesunde Balance:

- Du fühlst dich nach Treffen mit dieser Person energetisiert, nicht erschöpft
- Ihr wechselt euch ab, wer Pläne initiiert oder Unterstützung anbietet
- Wenn du Hilfe brauchst, kannst du darum bitten, ohne dich schuldig zu fühlen

- Die Person zeigt echtes Interesse an deinem Leben, nicht nur an dem, was du für sie tun kannst
- Du fühlst dich wertgeschätzt für das, was du beiträgst

Strategien für eine gesunde Balance

1. **Beobachte das Muster**: Achte über mehrere Interaktionen hinweg darauf, wer gibt und wer nimmt. Ein gelegentliches Ungleichgewicht ist normal, ein konsistentes Muster ist problematisch.
2. **Kommuniziere deine Bedürfnisse**: Wenn du das Gefühl hast, zu viel zu geben oder nicht genug zu bekommen, sprich es an – auf eine nicht-konfrontative Weise.
3. **Übe das Nehmen**: Wenn du jemand bist, der immer gibt, kann es schwer sein, Hilfe anzunehmen. Übe bewusst, um Hilfe zu bitten oder Angebote anzunehmen.
4. **Übe das Nein-Sagen**: Wenn du dazu neigst, zu viel zu geben, übe höflich "Nein" zu sagen, wenn Anfragen deine Grenzen überschreiten.
5. **Diversifiziere deine Beziehungen**: Verlasse dich nicht auf eine einzige Person für alle deine sozialen Bedürfnisse. Verschiedene Beziehungen können verschiedene Arten von Unterstützung bieten.

Balance-Tipp: Führe ein "Beziehungs-Tagebuch" für neue Verbindungen, in dem du notierst, wie du dich nach Interaktionen fühlst. Fühlst du dich regelmäßig erschöpft, ausgenutzt oder ungesehen, könnte dies ein Hinweis auf ein Ungleichgewicht sein.

Der Weg von der Bedürftigkeit zur Verbundenheit

Wenn du lange einsam warst, kannst du dich manchmal "bedürftig" fühlen – hungrig nach sozialer Verbindung und Bestätigung. Diese Bedürftigkeit kann paradoxerweise andere Menschen abschrecken und deine Einsamkeit verstärken.

Der Weg von der Bedürftigkeit zur gesunden Verbundenheit umfasst:

1. **Selbstfürsorge an erste Stelle setzen**: Je besser du für deine eigenen grundlegenden emotionalen Bedürfnisse sorgst, desto weniger "hungrig" wirst du in sozialen Interaktionen sein.
2. **Multiple Verbindungen aufbauen**: Statt alle deine Hoffnungen auf eine Freundschaft zu setzen, arbeite daran, mehrere Verbindungen unterschiedlicher Intensität zu entwickeln.
3. **Geduld üben**: Tiefe Verbindungen entstehen mit der Zeit. Gib neuen Beziehungen Raum zum Atmen und Wachsen.
4. **Deine eigene Gesellschaft schätzen lernen**: Paradoxerweise werden deine Beziehungen zu anderen reicher, wenn du auch allein sein kannst, ohne dich einsam zu fühlen.

Verbundenheits-Tipp: Denke an Beziehungen wie an Gärtnern: Du kannst Samen pflanzen und sie pflegen, aber du kannst sie nicht zwingen zu wachsen. Manche werden gedeihen, andere nicht. Das Geheimnis eines blühenden sozialen Gartens ist, viele verschiedene Samen zu pflanzen und geduldig zu sein.

In diesem Kapitel hast du gelernt, wie du Menschen findest, die zu dir passen – durch gemeinsame Interessen, alternative Dating-Ansätze, strukturierte Kennenlern-Events wie Freundschafts-Speed-Dating und die Entwicklung gesunder Beziehungsdynamiken mit einer guten Balance zwischen Geben und Nehmen.

Denk daran: Es geht nicht darum, jeden zu deinem Freund zu machen, sondern die richtigen Menschen zu finden – diejenigen, mit denen du dich wohlfühlst, gesehen und wertgeschätzt fühlst, und bei denen du ganz du selbst sein kannst.

Im nächsten Kapitel werden wir uns damit beschäftigen, wie du diese ersten Verbindungen in tiefere, bedeutungsvollere Freundschaften verwandelst – denn manchmal ist der schwierigste Teil nicht das erste Kennenlernen, sondern der Übergang von Bekanntschaft zu echter Freundschaft.

In einer Welt, in der die Anzahl deiner Social-Media-Freunde oft als Maßstab für dein soziales Kapital gilt, ist es leicht, in die Falle zu tappen: Je mehr Bekanntschaften, desto besser. Doch die Forschung zeigt etwas anderes: Nicht die Quantität, sondern die Qualität unserer Beziehungen ist entscheidend für unser Wohlbefinden.

Eine einzige tiefe Verbindung kann wirksamer gegen Einsamkeit sein als Dutzende oberflächlicher Kontakte. In diesem Kapitel geht es darum, wie du bestehende Bekanntschaften in echte, tiefe Freundschaften verwandelst – Freundschaften, die Substanz haben, die durch stürmische Zeiten tragen und die ein Gefühl echter Zugehörigkeit vermitteln.

Der Weg von "Hallo" zu "Ich bin für dich da" ist nicht immer einfach, aber er ist es wert. Lass uns gemeinsam erkunden, wie du diesen Weg gehen kannst.

Vom Bekannten zum Freund in 5 Schritten

Der Übergang von einer Bekanntschaft zu einer echten Freundschaft folgt oft einem ähnlichen Muster – unabhängig davon, ob du zwanzig oder siebzig bist. Hier ist ein Fünf-Schritte-Prozess, der dir helfen kann, diesen Übergang bewusst zu gestalten.

Schritt 1: Regelmäßigkeit etablieren

Freundschaften brauchen Zeit, um zu wachsen – und das bedeutet regelmäßigen Kontakt. Das klingt offensichtlich, wird aber oft übersehen. Ein gelegentliches Treffen alle paar Monate reicht selten aus, um eine tiefe Verbindung aufzubauen.

Praktische Umsetzung:

- Schlage ein regelmäßiges Treffen vor: "Wie wäre es, wenn wir jeden zweiten Dienstag zusammen Mittag essen?"
- Nutze natürliche Rhythmen: Wenn ihr im selben Kurs seid, verabredet euch, vor oder nach dem Kurs einen Kaffee zu trinken

- Schaffe ein gemeinsames Ritual: "Lass uns den ersten Freitag im Monat für einen Filmabend reservieren"

Erinnerung: In der Anfangsphase einer Freundschaft kann es hilfreich sein, die Initiative zu ergreifen. Du musst nicht immer warten, bis die andere Person den ersten Schritt macht.

Schritt 2: Kontext erweitern

Um eine Beziehung zu vertiefen, ist es wichtig, sie aus ihrem ursprünglichen Kontext zu lösen. Wenn ihr euch nur im Yogakurs seht, bleibt eure Verbindung wahrscheinlich auf diesen Kontext beschränkt.

Praktische Umsetzung:

- Lade die Person in einen neuen Kontext ein: "Ich gehe am Samstag auf einen Flohmarkt. Hast du Lust mitzukommen?"
- Verbinde gemeinsame Interessen: "Du hast erwähnt, dass du auch gerne kochst. Wollen wir mal zusammen etwas Neues ausprobieren?"
- Beziehe sie in deinen bestehenden Freundeskreis ein: "Ein paar Freunde kommen am Wochenende zum Grillen vorbei. Es wäre schön, wenn du auch dabei wärst."
-

Erinnerung: Der Kontextwechsel zeigt euch beide in einem neuen Licht und gibt euch die Chance, mehr Facetten voneinander kennenzulernen.

Schritt 3: Persönlichere Gespräche führen

Tiefe Freundschaften entstehen durch tiefe Gespräche. Der Übergang von Smalltalk zu bedeutungsvolleren Themen ist ein entscheidender Schritt in der Entwicklung einer Freundschaft.

Praktische Umsetzung:

- Beginne mit "mitteltiefen" Fragen: "Was hat dich dazu gebracht, in diese Stadt zu ziehen?" oder "Was magst du an deinem Job am meisten?"

- Teile eigene Erfahrungen und Gedanken, die etwas persönlicher sind: "Ich habe letztes Jahr viel über meine Karriereziele nachgedacht und bin zu überraschenden Erkenntnissen gekommen..."
- Achte auf "Köder" im Gespräch – Hinweise auf Themen, die der anderen Person wichtig sind, und greife sie auf
-

Erinnerung: Tiefe entsteht schrittweise. Überstürze nichts und respektiere, wenn jemand bei bestimmten Themen zurückhaltend ist.

Schritt 4: Verletzlichkeit und Unterstützung

Eine wahre Freundschaft zeigt sich oft in schwierigen Zeiten. Der Austausch von Verletzlichkeit und gegenseitiger Unterstützung ist der Klebstoff, der tiefe Verbindungen schafft.

Praktische Umsetzung:
- Zeige Verletzlichkeit in angemessenem Maß: Teile eine aktuelle Herausforderung oder ein Gefühl, das dich beschäftigt
- Biete konkrete Hilfe an: "Ich fahre am Samstag einkaufen. Soll ich etwas für dich mitbringen, während du krank bist?"
- Zeige Zuverlässigkeit: Wenn du etwas versprichst, halte es ein
- Merke dir wichtige Details aus früheren Gesprächen und frage nach: "Wie lief dein wichtiges Meeting gestern?"

Erinnerung: Verletzlichkeit ist ein Geschenk, das du gibst und empfängst. Es geht nicht darum, alle deine Probleme auf einmal zu teilen, sondern um einen allmählichen Prozess des gegenseitigen Vertrauens.

Schritt 5: Gemeinsame Zukunft schaffen

Tiefe Freundschaften existieren nicht nur in der Gegenwart, sondern erstrecken sich in die Zukunft. Das Planen gemeinsamer Erlebnisse und das Schaffen gemeinsamer Erinnerungen festigt die Verbindung.

Praktische Umsetzung:

- Plane etwas im Voraus: "Im Sommer findet dieses Festival statt. Hättest du Lust, zusammen hinzufahren?"
- Schaffe Traditionen: "Lass uns daraus ein jährliches Ereignis machen"
- Sprecht über Zukunftspläne und wie ihr euch gegenseitig unterstützen könnt: "Ich weiß, dass du davon träumst, irgendwann selbstständig zu werden. Wie kann ich dich dabei unterstützen?"

Erinnerung: Die Vorstellung einer gemeinsamen Zukunft ist ein starkes Signal für eine tiefe Verbindung.

Die Zeit als Faktor

Es ist wichtig zu verstehen, dass dieser Prozess Zeit braucht. Laut Forschung dauert es durchschnittlich:

- 50 Stunden gemeinsam verbrachte Zeit, um von Bekannten zu Freunden zu werden
- 200 Stunden, um enge Freunde zu werden

Das bedeutet nicht, dass du die Stunden zählen solltest, aber es verdeutlicht, dass Freundschaft eine Investition ist – eine, die sich unglaublich lohnt.

Vom-Bekannten-zum-Freund-Tipp: Führe ein "Freundschaftstagebuch", in dem du festhältst, was du über neue Freunde lernst: ihre Vorlieben, wichtige Ereignisse in ihrem Leben, Gesprächsthemen, die sie begeistern. Dies hilft dir nicht nur, dich an wichtige Details zu erinnern, sondern macht auch deine eigenen Fortschritte in der Entwicklung von Freundschaften sichtbar.

Verwundbarkeit als Superpower

In einer Welt, die oft Stärke, Selbstsicherheit und Perfektion feiert, mag es kontraintuitiv erscheinen, aber Verletzlichkeit – die Bereitschaft, sich authentisch zu zeigen, mit allen Unsicherheiten und Unvollkommenheiten – ist eine soziale Superkraft. Sie öffnet Türen zu tieferen Verbindungen, die sonst verschlossen bleiben würden.

Warum Verwundbarkeit verbindet

Der renommierte Forscher Brené Brown hat in ihrer bahnbrechenden Arbeit gezeigt, dass Verletzlichkeit der Schlüssel zu menschlicher Verbindung ist. Warum?

1. **Sie schafft Authentizität**: Wenn wir unsere Masken ablegen, ermöglichen wir echte Verbindung statt einer Beziehung zwischen Fassaden.

2. **Sie erzeugt Resonanz**: Deine Verletzlichkeit gibt anderen die Erlaubnis, ebenfalls verletzlich zu sein – ein Phänomen, das Psychologen als "reziproke Selbstoffenbarung" bezeichnen.

3. **Sie baut Vertrauen auf**: Jemandem zu vertrauen, indem du dich verletzlich zeigst, signalisiert Wertschätzung und lädt zu gegenseitigem Vertrauen ein.

4. **Sie vermeidet Perfektion**: Perfektion schafft Distanz, während geteilte Unvollkommenheit Nähe erzeugt.

Gesunde vs. Ungesunde Verwundbarkeit

Es ist wichtig zu verstehen, dass nicht jede Form von Verletzlichkeit zu gesunden Verbindungen führt. Der Schlüssel liegt in der Balance:

Gesunde Verwundbarkeit:

- Geschieht schrittweise, dem Vertrauenslevel der Beziehung angemessen
- Wird mit Menschen geteilt, die diese Verletzlichkeit respektvoll behandeln
- Erlaubt beiden Seiten, sich im eigenen Tempo zu öffnen
- Dient der Verbindung, nicht nur der emotionalen Entlastung

Ungesunde Verwundbarkeit:

- Zu viel, zu früh ("Trauma-Dumping" beim ersten Treffen)
- Mit Menschen geteilt, die bereits Grenzverletzungen gezeigt haben
- Einseitig, ohne Raum für die Verletzlichkeit des anderen
- Als Manipulation oder emotionale Abhängigkeit genutzt

Die Verwundbarkeits-Leiter: Eine schrittweise Annäherung

Stell dir Verletzlichkeit wie eine Leiter vor. Du beginnst auf den unteren Sprossen und steigst langsam höher, während sich Vertrauen und Nähe entwickeln:

Sprosse 1: Meinungen und Vorlieben
"Ich stehe nicht so auf Actionfilme, ich bevorzuge eigentlich Dokumentationen."

Sprosse 2: Träume und Hoffnungen
"Ich träume davon, eines Tages ein kleines Café zu eröffnen. Das klingt vielleicht naiv..."

Sprosse 3: Persönliche Herausforderungen
"Ich finde es oft schwer, in größeren Gruppen das Wort zu ergreifen, obwohl ich viel zu sagen hätte."

Sprosse 4: Emotionale Erfahrungen
"Der Umzug hierher war einsamer und schwieriger, als ich es mir vorgestellt hatte."

Sprosse 5: Tiefere Ängste und Unsicherheiten
"Manchmal befürchte ich, dass Menschen mich nicht mögen würden, wenn sie mich wirklich kennen würden."

Sprosse 6: Bedeutsame persönliche Geschichte
"Die Scheidung meiner Eltern hat mich stärker geprägt, als ich lange zugeben wollte..."

Das Klettern dieser Leiter sollte natürlich und dem Kontext angemessen erfolgen. Achte auf die Reaktionen des anderen – zeigt er Empathie und Verständnis? Teilt er ähnliche Ebenen von Verletzlichkeit? Dies sind positive Zeichen, dass du weiterklettern kannst.

Übung: Der Verwundbarkeits-Check

Bevor du dich verletzlich zeigst, überprüfe schnell folgende Punkte:

1. **Beziehungsreife**: Ist eure Beziehung reif genug für diese Ebene der Verletzlichkeit?
2. **Kontext**: Ist der Zeitpunkt und Ort angemessen für dieses Gespräch?

3. **Reziprozität**: Hat die andere Person eine ähnliche Offenheit gezeigt?
4. **Motivation**: Warum möchte ich dies teilen? Geht es um Verbindung oder um etwas anderes?
5. **Reaktion**: Wie hat die Person bisher auf kleinere Momente der Verletzlichkeit reagiert?

Verwundbarkeits-Tipp: Beginne damit, "sichere Verletzlichkeiten" zu teilen – persönliche Geschichten, die bedeutsam, aber emotional nicht mehr überwältigend für dich sind. So kannst du testen, wie jemand mit deiner Verletzlichkeit umgeht, ohne dich zu stark zu exponieren.

Das "Frag mehr"-Prinzip

Eine der einfachsten und effektivsten Methoden, um Beziehungen zu vertiefen, ist gleichzeitig die am häufigsten übersehene: mehr und bessere Fragen stellen. Das "Frag mehr"-Prinzip basiert auf der Erkenntnis, dass echtes Interesse an anderen Menschen der Schlüssel zu tieferen Verbindungen ist.

Warum Fragen so mächtig sind

Gute Fragen:
- Zeigen echtes Interesse am anderen
- Ermöglichen der anderen Person, sich gesehen und gehört zu fühlen
- Offenbaren neue Facetten und Tiefe in einer Person
- Führen zu unerwarteten Gemeinsamkeiten und Verbindungspunkten
- Verwandeln Smalltalk in bedeutungsvolle Gespräche

Die Kunst der vertiefenden Frage

Nicht alle Fragen sind gleich geschaffen. Vertiefende Fragen gehen über die Oberfläche hinaus und laden zu Reflexion und Offenheit ein:

Von oberflächlich zu tief:
- Oberflächlich: "Was machst du beruflich?"

- Tiefer: "Was gefällt dir an deiner Arbeit am besten?"
- Noch tiefer: "Wie hat dich dein Beruf als Person verändert?"

Von faktisch zu emotional:
- Faktisch: "Wo bist du aufgewachsen?"
- Emotional: "Was hat dir an deinem Heimatort am meisten bedeutet?"
- Noch emotionaler: "Gibt es etwas aus deiner Kindheit, das dich bis heute prägt?"

Von allgemein zu spezifisch:
- Allgemein: "Was machst du in deiner Freizeit?"
- Spezifischer: "Wann hast du mit der Fotografie angefangen?"
- Noch spezifischer: "Was war das letzte Foto, das dich wirklich stolz gemacht hat?"

Die Kunst des aktiven Zuhörens

Fragen zu stellen ist jedoch nur die halbe Miete. Genauso wichtig ist es, wirklich zuzuhören – nicht nur um höflich zu sein, sondern um tatsächlich zu verstehen und eine authentische Verbindung herzustellen.

Aktives Zuhören umfasst:

1. **Volle Aufmerksamkeit schenken**: Lege das Handy weg, halte Augenkontakt, nicke gelegentlich.
2. **Paraphrasieren**: "Wenn ich dich richtig verstehe, meinst du..."
3. **Validieren**: "Das klingt wirklich herausfordernd/aufregend/verwirrend..."
4. **Vertiefende Nachfragen stellen**: "Wie hat sich das für dich angefühlt?" oder "Was war in diesem Moment das Wichtigste für dich?"
5. **Nicht-wertende Haltung**: Vermeide schnelle Urteile oder Ratschläge, besonders wenn die Person verletzlich ist.

20 Fragen, die Gespräche vertiefen

Hier sind einige Fragen, die über den üblichen Smalltalk hinausgehen und tiefere Gespräche ermöglichen:

1. "Was hat dich in letzter Zeit überrascht – positiv oder negativ?"
2. "Welches Buch oder welcher Film hat deine Sicht auf die Welt verändert?"
3. "Wenn du einen perfekten Tag gestalten könntest, wie würde er aussehen?"
4. "Was ist eine unerwartete Lektion, die du im Leben gelernt hast?"
5. "Worin unterscheidest du dich heute von deinem jüngeren Selbst?"
6. "Was ist ein kleines Alltagsritual, das dir wichtig ist?"
7. "Wenn du morgen eine neue Fähigkeit beherrschen könntest, welche wäre es?"
8. "Welche Eigenschaft bewunderst du am meisten an anderen Menschen?"
9. "Was hilft dir, wenn du dich gestresst oder überfordert fühlst?"
10. "Welcher Ort gibt dir ein Gefühl von Heimat oder Zugehörigkeit?"
11. "Was ist etwas, das die meisten Menschen nicht über dich wissen würden?"
12. "Worüber denkst du nach, wenn du nicht schlafen kannst?"
13. "Welches Kompliment hat dich am meisten berührt?"
14. "Was würdest du gerne mehr in deinem Leben haben?"
15. "Was ist ein Glaube oder eine Überzeugung, die sich bei dir im Laufe der Zeit verändert hat?"
16. "Wofür bist du in deinem Leben am dankbarsten?"
17. "Was macht dich neugierig in letzter Zeit?"
18. "Wenn du jemanden aus der Geschichte treffen könntest, wer wäre es und warum?"
19. "Was ist ein wichtiges Missverständnis, das Menschen über dich haben?"
20. "Welcher Teil deiner Persönlichkeit kommt in deinem Alltag zu kurz?"

Frag-Mehr-Tipp: Stelle nach einer Antwort eine Folge-Frage, die zeigt, dass du wirklich zugehört hast, bevor du das Thema wechselst oder von dir erzählst. Dies vertieft das Gespräch und signalisiert echtes Interesse.

Konflikte meistern, ohne wegzulaufen

Viele Menschen, besonders solche, die unter Einsamkeit leiden, vermeiden Konflikte um jeden Preis. Sie fürchten, dass ein Streit oder eine Meinungsverschiedenheit die noch fragile Verbindung zerstören könnte. Doch paradoxerweise sind gut bewältigte Konflikte oft der Schlüssel zu tieferen Beziehungen.

Konflikte sind nicht der Feind enger Verbindungen – sie sind ein natürlicher und notwendiger Teil davon. Die Fähigkeit, Konflikte gesund zu navigieren, unterscheidet oberflächliche Bekanntschaften von echten, belastbaren Freundschaften.

Warum Konflikte wichtig sind

Gut gemeisterte Konflikte:

- Klären Missverständnisse, bevor sie sich verschlimmern
- Helfen beiden Seiten, die Bedürfnisse und Grenzen des anderen zu verstehen
- Fördern gegenseitigen Respekt und Wertschätzung für Unterschiede
- Stärken das Vertrauen, dass die Beziehung auch schwierige Zeiten überstehen kann
- Führen oft zu neuen Einsichten und tieferem Verständnis füreinander
-

Die drei Konflikttypen verstehen

Um Konflikte besser navigieren zu können, ist es hilfreich, zwischen verschiedenen Arten von Konflikten zu unterscheiden:

1. **Fakten-Konflikte**: Meinungsverschiedenheiten über Tatsachen oder Informationen
    - "Ich dachte, wir hatten uns für 19 Uhr verabredet, nicht für 18 Uhr."

- o Lösung: Klärung durch Informationsaustausch oder Nachprüfen

2. **Werte-Konflikte**: Unterschiede in grundlegenden Überzeugungen oder Werten
   - o "Ich finde es wichtig, immer pünktlich zu sein, während du flexibler mit Zeit umgehst."
   - o Lösung: Verstehen und Respektieren der unterschiedlichen Perspektiven, Kompromisse finden

3. **Bedürfnis-Konflikte**: Kollidierende Bedürfnisse oder Wünsche
   - o "Ich brauche mehr Alleinsein, während du mehr gemeinsame Zeit möchtest."
   - o Lösung: Kreative Kompromisse, die die Kernbedürfnisse beider Seiten berücksichtigen

Die meisten Konflikte umfassen Elemente aus allen drei Kategorien, aber es hilft, den Hauptfokus zu identifizieren.

Konfliktvermeidung überwinden

Wenn du dazu neigst, Konflikte zu vermeiden, können diese Schritte helfen:

1. **Erkenne die Kosten der Vermeidung**: Unausgesprochene Probleme verschwinden selten von selbst und führen oft zu Groll und emotionaler Distanz.
2. **Starte klein**: Übe, kleine Meinungsverschiedenheiten auszudrücken, bevor sie zu großen Problemen werden.
3. **Bereite dich vor**: Überlege dir im Voraus, was du sagen möchtest, und formuliere es in einer nicht-anklagenden Weise.
4. **Wähle den richtigen Moment**: Sprich Probleme an, wenn ihr beide entspannt seid und Zeit zum Reden habt, nicht in Stresssituationen.
5. **Fokussiere auf das "Wir"**: Rahme den Konflikt als gemeinsames Problem, das ihr zusammen lösen könnt, nicht als Kampf gegeneinander.

Das HEAR-Modell für bessere Konfliktgespräche

Ein einfaches Modell für respektvolle und produktive Konfliktgespräche ist das HEAR-Modell:

H - Honestly express feelings (Gefühle ehrlich ausdrücken) Sprich aus deiner Perspektive und mit Ich-Botschaften: "Ich fühle mich vernachlässigt, wenn unsere Pläne in letzter Minute abgesagt werden" statt "Du vernachlässigst unsere Freundschaft".

E - Empathize with the other person (Einfühlung zeigen) Versuche aktiv, die Perspektive der anderen Person zu verstehen: "Ich kann mir vorstellen, dass du auch unter Druck stehst und viel um die Ohren hast."

A - Ask questions rather than make assumptions (Fragen stellen statt Annahmen machen) Anstatt zu interpretieren, frage nach: "Ich würde gerne verstehen, was los ist, wenn unsere Pläne nicht funktionieren. Gibt es etwas, das ich nicht weiß?"

R - Request specific changes for the future (Um konkrete Änderungen bitten) Schlage konstruktive Lösungen vor: "Könnten wir in Zukunft vereinbaren, dass wir uns mindestens 24 Stunden vorher Bescheid geben, wenn sich etwas ändert?"

Reparatur nach einem Konflikt

Selbst in den besten Freundschaften können Konflikte manchmal schmerzhaft sein. Die Fähigkeit zur Reparatur – zur Wiederherstellung der Verbindung nach einem Konflikt – ist entscheidend für langfristige, tiefe Beziehungen.

Elemente einer guten Reparatur:

1. **Aufrichtige Entschuldigung**: Wenn du etwas getan hast, das verletzt hat, entschuldige dich spezifisch dafür, ohne "aber" oder Ausreden anzuhängen.

2. **Verantwortung übernehmen**: Erkenne deinen Anteil am Konflikt an, selbst wenn die andere Person auch einen Anteil hatte.

3. **Emotionale Nachwirkungen ansprechen**: "Ich hoffe, dass wir nach unserem Streit wieder gut miteinander sind. Wie fühlst du dich?"
4. **Positive Absicht bestätigen**: "Unsere Freundschaft ist mir wichtig, und ich möchte, dass wir das hinter uns lassen können."
5. **Aus dem Konflikt lernen**: "Was können wir beide tun, damit so etwas in Zukunft anders läuft?"

Konflikt-Tipp: Vereinbare mit guten Freunden im Voraus ein "Sicherheitswort" oder eine Phrase, die signalisiert, dass einer von euch eine Pause vom Konflikt braucht, ohne die Diskussion komplett zu beenden. Zum Beispiel: "Ich brauche einen Moment" oder "Timeout, bitte". Dies verhindert, dass Konflikte eskalieren, wenn die Emotionen hochkochen.

In diesem Kapitel hast du gelernt, wie du oberflächliche Bekanntschaften in tiefe, bedeutungsvolle Freundschaften verwandelst – durch bewusste Schritte zur Vertiefung von Verbindungen, die Kraft der Verletzlichkeit, die Kunst des Fragens und aktiven Zuhörens sowie den gesunden Umgang mit Konflikten.

Denk daran: Tiefe entsteht nicht über Nacht. Sie entsteht durch wiederholte kleine Momente der Verbindung, durch die Bereitschaft, authentisch zu sein, und durch die Entscheidung, auch in schwierigen Zeiten präsent zu bleiben. Diese Art von Verbindung – die tiefe statt breite – ist es, die das Gefühl der Einsamkeit überwindet und uns ein Gefühl echter Zugehörigkeit schenkt.

Im nächsten Kapitel werden wir uns damit beschäftigen, wie du diese neu gefundenen Verbindungen in eine nachhaltige soziale Infrastruktur integrieren kannst – eine, die dich langfristig trägt und unterstützt.

Stell dir dein soziales Leben wie eine Stadt vor. In den vorherigen Kapiteln hast du einzelne Häuser gebaut – Verbindungen geknüpft und vertieft. Nun ist es an der Zeit, diese Häuser durch Straßen, Plätze und Brücken zu verbinden – eine soziale Infrastruktur zu schaffen, die deine Verbindungen unterstützt, nährt und nachhaltig macht.

Eine gut entwickelte soziale Infrastruktur ist wie ein soziales Ökosystem, das dich auch dann trägt, wenn einzelne Verbindungen vorübergehend nicht verfügbar sind. Sie verhindert, dass du in alte Einsamkeitsmuster zurückfällst, und schafft Raum für neue Verbindungen, die organisch in dein Leben wachsen können.

In diesem Kapitel erfährst du, wie du eine solche nachhaltige soziale Infrastruktur aufbaust – mit Ritualen, die Beziehungen festigen, Aktivitäten, die Gruppen zusammenbringen, Engagement, das Sinn stiftet, und einem Netzwerk, das dich trägt, auch wenn das Leben turbulent wird.

Freundschafts-Rituale, die wirklich funktionieren

In unserer hektischen, von Terminkalendern und To-do-Listen geprägten Welt, können Beziehungen leicht ins Hintertreffen geraten. Freundschafts-Rituale – regelmäßige, bedeutungsvolle Aktivitäten, die du mit anderen teilst – bilden ein starkes Fundament gegen diesen Trend. Sie schaffen nicht nur Kontinuität, sondern auch einen Raum, in dem eure Verbindung wachsen kann.

Die Wissenschaft hinter wirksamen Ritualen

Rituale sind aus psychologischer Sicht so kraftvoll, weil sie:

- Für Vorhersehbarkeit sorgen in einer unvorhersehbaren Welt
- Einen sicheren Rahmen für Verbindung schaffen
- Signalisieren, dass die Beziehung wichtig und prioritär ist
- Gemeinsame Erinnerungen und Erfahrungen aufbauen
- Einen Anker bieten, an dem sich die Beziehung festmachen kann

Besonders für Menschen, die aus der Einsamkeit kommen, bieten Rituale eine wertvolle Struktur, die das soziale Leben stabiler und weniger angstbehaftet macht.

Verschiedene Arten von Freundschafts-Ritualen

Es gibt viele Arten von Ritualen, die Freundschaften stärken können. Hier sind einige bewährte Beispiele:

1. Regelmäßige Treffen mit festem Rhythmus

Der einfachste und wirksamste Typ von Ritual ist das regelmäßige Treffen. Es kann sein:

- Der monatliche Brunch am ersten Sonntag
- Der wöchentliche Lauftreff am Mittwochabend
- Das vierteljährliche Wellness-Wochenende
- Das jährliche gemeinsame Ferienhaus

Der Schlüssel liegt in der Regelmäßigkeit – wenn ein Termin fest im Kalender steht, muss man nicht jedes Mal neu verhandeln und planen. Es wird zu einem selbstverständlichen Teil des Lebens.

Tipp für regelmäßige Treffen: Lege direkt beim Abschied den nächsten Termin fest. "Also dann nächsten Donnerstag wieder, gleiche Zeit?" macht es viel wahrscheinlicher, dass das Treffen tatsächlich stattfindet, als ein vages "Wir sollten uns bald mal wieder treffen."

2. Gemeinsame Jahrestage und Feiern

Besondere Ereignisse in eurer Freundschaft zu feiern, kann eine tiefe emotionale Verbindung schaffen:

- Der Jahrestag eures ersten Treffens
- Die gemeinsame Feier eines erreichten Ziels
- Eine jährliche Tradition zu einem bestimmten Feiertag
- Die Wiederholung einer besonders schönen gemeinsamen Erfahrung

Feier-Tipp: Führe einen "Freundschaftskalender", in dem du wichtige Daten und Anlässe eurer Freundschaft festhältst. Dies zeigt nicht nur deine Wertschätzung, sondern hilft auch, keine wichtigen Momente zu vergessen.

3. Gemeinsame Projekte oder Herausforderungen

Ein geteiltes Ziel oder Projekt kann eine kraftvolle Verbindung schaffen:

- Zusammen einen Kurs belegen
- Ein gemeinsames Fitness-Ziel verfolgen
- Gemeinsam an einem kreativen Projekt arbeiten
- Eine Bucket-List-Challenge absolvieren

Diese Art von Ritual hat den zusätzlichen Vorteil, dass ihr gemeinsam wachst und euch gegenseitig unterstützt.

Projekt-Tipp: Wählt Projekte, die zu euren gemeinsamen Interessen passen, aber auch ein wenig aus der Komfortzone herausführen. Die Kombination aus Vertrautheit und neuem Territorium schafft ideale Bedingungen für Verbindung.

4. Alltägliche Mikro-Rituale

Nicht alle Rituale müssen groß oder zeitaufwendig sein. Kleine, aber konsistente Verbindungspunkte können genauso wertvoll sein:

- Der tägliche Guten-Morgen-Text
- Das wöchentliche Update-Telefonat auf dem Heimweg
- Der Austausch von Buch- oder Musikempfehlungen am Monatsende
- Das gemeinsame Mittagessen, wenn ihr zufällig in derselben Gegend seid

Mikro-Ritual-Tipp: Achte darauf, dass Mikro-Rituale leicht in deinen Alltag integrierbar sind. Sie sollten eine Quelle der Freude sein, kein weiterer Stressfaktor auf deiner To-do-Liste.

Rituale initiieren, ohne aufdringlich zu wirken

Vielleicht fragst du dich: "Wie schlage ich solche Rituale vor, ohne seltsam oder anhänglich zu wirken?" Hier sind einige Strategien:

1. **Start mit einem Einzelfall**: "Ich habe diese neue Ausstellung entdeckt. Hättest du Lust, sie am Samstag anzuschauen?" Nach einem erfolgreichen ersten Mal kannst du vorschlagen, daraus eine regelmäßige Aktivität zu machen.
2. **Knüpfe an bestehende Interessen an**: "Du hast doch mal erwähnt, dass du gerne mehr lesen würdest. Wie wäre es mit einem monatlichen Buch-Austausch?"
3. **Sei flexibel in der Form**: "Ich würde gerne regelmäßiger in Kontakt bleiben. Wie würde das für dich am besten funktionieren?"
4. **Teile deine Motivation**: "Ich genieße unsere Gespräche wirklich und würde mich freuen, wenn wir daraus eine regelmäßige Sache machen könnten."
5. **Respektiere die Antwort**: Wenn jemand zögert oder ablehnt, akzeptiere es ohne Druck und halte die Tür für andere Möglichkeiten offen.

Initiierungs-Tipp: Manchmal ist es leichter, Rituale in Gruppen zu etablieren als mit Einzelpersonen. Ein "Monatlicher Filmabend" für mehrere Freunde kann weniger intensiv wirken als ein Eins-zu-eins-Ritual.

Die Balance zwischen Struktur und Spontaneität

Während Rituale Struktur und Stabilität bieten, ist es wichtig, auch Raum für Spontaneität und Veränderung zu lassen:

- Halte an der grundsätzlichen Regelmäßigkeit fest, sei aber flexibel bei den Details
- Überprüfe gelegentlich, ob das Ritual noch Freude bereitet oder Anpassung braucht
- Ergänze strukturierte Rituale mit spontanen Treffen und Aktivitäten
- Sei offen für die Evolution eines Rituals, wenn sich Lebensumstände oder Interessen ändern

Balance-Tipp: Wenn ein Ritual seinen Schwung verliert, versuche es zu variieren, statt es ganz aufzugeben. Der monatliche Brunch könnte zum monatlichen Kochabend werden, oder der Buchclub könnte sich zum Film- oder Podcast-Club entwickeln.

Vom Einzelgänger zum Gruppenmagnet

Während tiefe Eins-zu-eins-Beziehungen wesentlich sind, bereichern Gruppenfreundschaften und soziale Kreise dein Leben auf einzigartige Weise. Sie bieten vielfältigere Interaktionen, mehr Perspektiven und ein Gefühl der Zugehörigkeit zu einer Gemeinschaft. Doch der Übergang vom Einzelgänger zum Gruppenmagnet – jemand, der Menschen zusammenbringt und Gruppen formt – kann herausfordernd sein.

Die Vorteile sozialer Kreise verstehen

Bevor wir in die praktischen Strategien eintauchen, ist es wichtig zu verstehen, warum soziale Kreise so wertvoll sind:

- Sie bieten ein Sicherheitsnetz, wenn einzelne Freundschaften vorübergehend nicht verfügbar sind
- Sie reduzieren den Druck auf einzelne Beziehungen, alle sozialen Bedürfnisse zu erfüllen
- Sie schaffen Möglichkeiten für neue Verbindungen durch "Freunde von Freunden"
- Sie ermöglichen verschiedene Arten der Interaktion und Aktivitäten, die in Zweierkonstellationen nicht möglich wären
- Sie stärken das Zugehörigkeitsgefühl zu einer Gemeinschaft oder "Stamm"

Die Rolle des sozialen Verbinders

In jedem sozialen Kreis gibt es oft Menschen, die als "Verbinder" fungieren – Personen, die aktiv andere zusammenbringen und den sozialen Klebstoff bilden, der die Gruppe zusammenhält. Diese Rolle kann besonders wertvoll sein für jemanden, der aus der Einsamkeit kommt, denn:

- Sie gibt dir einen klaren sozialen Zweck und eine wertvolle Rolle
- Sie erlaubt dir, soziale Situationen mitzugestalten, statt dich nur anzupassen
- Sie positioniert dich im Zentrum eines Netzwerks, ohne dass du um Aufmerksamkeit kämpfen musst

- Sie gibt dir die Möglichkeit, die Art von sozialer Umgebung zu schaffen, in der du dich wohlfühlst

Vom Teilnehmer zum Initiator werden

Der Übergang vom passiven Teilnehmer zum aktiven Initiator sozialer Aktivitäten erfolgt meist schrittweise:

Schritt 1: Werde ein aktiver Teilnehmer

Bevor du selbst zum Initiator wirst, sei ein engagierter Teilnehmer:
- Erscheine zuverlässig bei Gruppenaktivitäten
- Biete an zu helfen (Essen mitbringen, beim Aufräumen helfen, etc.)
- Beteilige dich aktiv am Gruppengeschehen
- Zeige echtes Interesse an den anderen Teilnehmern

Schritt 2: Unterstütze bestehende Initiatoren

Der nächste Schritt ist, bestehende Organisatoren zu unterstützen:
- Biete an, bei der Planung zu helfen
- Übernimm kleine organisatorische Aufgaben
- Schlage Ideen für zukünftige Aktivitäten vor
- Helfe, neue Teilnehmer willkommen zu heißen

Schritt 3: Co-hoste ein Event

Teile die Verantwortung mit einem erfahrenen Organisator:
- Plane zusammen ein kleines Treffen oder eine Aktivität
- Lerne die Grundlagen der Event-Organisation
- Baue Selbstvertrauen in einer geteilten Verantwortungsrolle auf
- Reflektiere, was gut funktioniert hat und was nicht

Schritt 4: Plane dein eigenes kleines Event

Starte mit etwas Überschaubarem:
- Ein Spieleabend oder Filmabend bei dir zu Hause
- Ein Picknick im Park
- Eine kleine Wanderung oder ein Spaziergang
- Ein gemeinsamer Besuch einer Veranstaltung

Schritt 5: Entwickle deine eigene Gruppen-Tradition

Wenn kleinere Events gut funktionieren, könnte es Zeit sein, etwas Regelmäßigeres zu etablieren:

- Einen monatlichen Kochabend
- Einen wöchentlichen Lauftreff
- Einen Buch- oder Filmclub
- Ein saisonales Fest oder eine Feier

Initiator-Tipp: Starte mit einer kleinen, überschaubaren Gruppe – vielleicht 3-5 Personen, die sich bereits kennen und wohlfühlen miteinander. Es ist leichter, später zu expandieren, als mit einer zu großen, unübersichtlichen Gruppe zu beginnen.

Menschen erfolgreich zusammenbringen

Das Zusammenbringen verschiedener Menschen ist eine Kunst, aber es gibt einige bewährte Strategien:

1. **Schaffe einen klaren Rahmen**: Menschen fühlen sich wohler, wenn sie wissen, was sie erwartet. "Ein entspannter Spieleabend mit Snacks, von 19 bis ca. 22 Uhr" gibt mehr Sicherheit als "Kommt mal vorbei, wenn ihr Lust habt".

2. **Berücksichtige gemeinsame Interessen**: Überlege, welche Überschneidungen es zwischen den Teilnehmern gibt, und wähle Aktivitäten, die diese Interessen ansprechen.

3. **Plane Eisbrecher**: Besonders wenn sich nicht alle kennen, hilft ein einfacher Eisbrecher dabei, die anfängliche Unbeholfenheit zu überwinden. Ein kurzes Spiel, eine Vorstellungsrunde mit einer interessanten Frage oder eine gemeinsame Aktivität können Wunder wirken.

4. **Achte auf die Gruppendynamik**: Sei aufmerksam dafür, wer sich wohlfühlt und wer nicht. Manchmal braucht es nur eine kleine Intervention – ein inkludierendes Gespräch, ein Themenwechsel oder die Anregung zu einer anderen Aktivität – um die Dynamik zu verbessern.

5. **Sei ein guter Gastgeber**: Achte darauf, dass sich alle willkommen und einbezogen fühlen. Stelle Menschen einander vor, erwähne Gemeinsamkeiten und schaffe Gesprächsanlässe.

Zusammenbringungs-Tipp: Wenn du Menschen vorstellst, erwähne etwas Interessantes oder eine Gemeinsamkeit: "Sarah, das ist Michael – er ist auch begeisterter Fotograf, ihr solltet unbedingt über eure Lieblingsobjektive sprechen!" Dies gibt einen sofortigen Gesprächsanlass.

Die Kunst des inklusiven sozialen Kreises

Ein bereichernder sozialer Kreis ist einer, der offen für Wachstum und Veränderung ist, ohne seinen Kern zu verlieren. Hier sind einige Prinzipien für einen inklusiven sozialen Kreis:

1. **Balance zwischen Offenheit und Intimität**: Schaffe Gelegenheiten für neue Menschen, sich anzuschließen, aber schütze auch die Vertrautheit der Kerngruppe. Manche Aktivitäten können offener sein, andere intimer.
2. **Verschiedene Begegnungsformen anbieten**: Einige Menschen blühen in großen Gruppen auf, andere in kleineren Settings. Variiere die Art der Treffen, um verschiedenen Bedürfnissen gerecht zu werden.
3. **Achte auf unausgesprochene Regeln**: Jede Gruppe entwickelt ihre eigenen Normen und Insiderwitze. Sei dir dieser bewusst und erkläre sie neuen Teilnehmern, damit sie sich nicht ausgeschlossen fühlen.
4. **Ermögliche Verbindungen zwischen verschiedenen Mitgliedern**: Fördere das Kennenlernen zwischen Teilnehmern, die sich noch nicht gut kennen, durch kleinere Untergruppen oder gezielte Vorstellungen.
5. **Pflege die Gruppenkultur bewusst**: Schätze Vielfalt, fördere Respekt und schaffe eine Atmosphäre, in der sich jeder willkommen fühlt, unabhängig von seiner sozialen Geschicklichkeit.

Inklusions-Tipp: Schaffe eine "Buddy-Kultur", bei der bestehende Gruppenmitglieder neue Teilnehmer unter ihre Fittiche nehmen, sie vorstellen und ihnen helfen, sich in die Gruppe zu integrieren.

Engagement als Einsamkeitskiller

Eine der wirksamsten Strategien gegen Einsamkeit, die oft übersehen wird, ist das Engagement für etwas Größeres als einen selbst. Sei es ehrenamtliche Arbeit, politisches Engagement oder gemeinschaftliche Projekte – wenn wir uns für eine Sache einsetzen, die uns am Herzen liegt, finden wir nicht nur Verbindung zu anderen, sondern auch einen tieferen Sinn und Zweck.

Warum Engagement so kraftvoll gegen Einsamkeit wirkt

Engagement wirkt auf mehreren Ebenen gegen Einsamkeit:

1. **Es schafft bedeutungsvolle Verbindungen**: Wenn du mit anderen für ein gemeinsames Ziel arbeitest, entsteht eine natürliche Verbundenheit, die oft tiefer ist als oberflächliche soziale Interaktionen.

2. **Es lenkt den Fokus nach außen**: Einsamkeit dreht sich oft um Selbstbeobachtung und innere Gedankenkreise. Engagement richtet den Fokus nach außen auf etwas Größeres.

3. **Es gibt ein Gefühl von Sinn und Zweck**: Das Gefühl, etwas Sinnvolles zu tun, kann emotionale Lücken füllen, die Einsamkeit manchmal verursacht.

4. **Es stärkt die soziale Identität**: Durch Engagement wirst du Teil einer Gemeinschaft mit gemeinsamen Werten und Zielen – eine starke Basis für Zugehörigkeit.

5. **Es schafft regelmäßige soziale Strukturen**: Ehrenamtliche Tätigkeiten oder Projektarbeit bieten regelmäßige Treffen und Aktivitäten, die deinem sozialen Leben Struktur geben.

Die richtige Engagement-Möglichkeit finden

Nicht jede Form von Engagement passt zu jedem. Um die richtige Möglichkeit für dich zu finden, berücksichtige:

1. Deine Leidenschaften und Werte

Frage dich:

- Welche Themen liegen mir am Herzen?
- Was macht mich wütend oder traurig in der Welt?
- Wofür bin ich dankbar und möchte es anderen ermöglichen?
- Welche Fähigkeiten oder Kenntnisse habe ich, die nützlich sein könnten?

2. Deine soziale Komfortzone

Überlege:

- Arbeite ich lieber direkt mit Menschen oder hinter den Kulissen?
- Bevorzuge ich Einzel- oder Gruppenaktivitäten?
- Wie viel soziale Interaktion am Stück ist angenehm für mich?
- Welche Art von Umgebung lässt mich aufblühen vs. erschöpft mich?

3. Deine praktischen Einschränkungen

Beachte:

- Wie viel Zeit kann ich realistischerweise investieren?
- Welche Möglichkeiten gibt es in meiner Nähe?
- Habe ich besondere Bedürfnisse, die berücksichtigt werden müssen?
- Welche Ressourcen (Transport, Ausrüstung, etc.) stehen mir zur Verfügung?

Verschiedene Formen des Engagements

Es gibt viele Wege, sich zu engagieren. Hier sind einige Möglichkeiten:

Klassisches Ehrenamt

- Tierschutzorganisationen und Tierheime
- Suppenküchen und Lebensmittelausgaben
- Mentorenprogramme für Kinder oder Jugendliche
- Seniorenbetreuung oder Besuchsdienste
- Umweltschutzprojekte und Naturschutz

Gemeinschaftsprojekte

- Community-Gärten und Urban Gardening

- Nachbarschaftshilfe und Tauschbörsen
- Repair-Cafés oder Upcycling-Initiativen
- Kulturelle Veranstaltungen und Kunstprojekte
- Sportveranstaltungen und Turniere

Bildung und Wissensaustausch
- Nachhilfe und Bildungsunterstützung
- Sprachunterricht für Migranten
- Digitale Kompetenz für Senioren
- Workshops in deinem Fachgebiet
- Lesekreise und öffentliche Bibliotheken

Politisches und soziales Engagement
- Bürgerinitiative oder Lokalpolitik
- Umweltaktivismus und Klimaschutz
- Menschenrechtsarbeit und Flüchtlingshilfe
- Demokratieförderung und Wahlhilfe
- Verbraucherschutz und Aufklärungsarbeit

Engagement-Tipp: Beginne mit einem zeitlich begrenzten oder projektbasierten Engagement, bevor du dich langfristig verpflichtest. Ein einmaliger Aktionstag oder ein sechswöchiges Projekt gibt dir die Chance, das Umfeld, die Menschen und die Arbeit kennenzulernen, ohne dich überfordert zu fühlen.

Vom Engagement zu echten Verbindungen

Engagement bietet eine hervorragende Plattform für Verbindungen, aber sie entstehen nicht immer automatisch. Hier sind Strategien, um aus dem Engagement heraus Beziehungen zu entwickeln:

1. **Sei konstant**: Regelmäßige Teilnahme erhöht die Chancen, tiefere Verbindungen aufzubauen. Menschen vertrauen eher jemandem, den sie regelmäßig sehen.
2. **Zeige Interesse an anderen Engagierten**: Frage nach ihren Beweggründen, ihrer Geschichte und ihren Erfahrungen. Die

gemeinsame Leidenschaft für die Sache ist ein natürlicher Gesprächsöffner.

3. **Nutze informelle Momente**: Die Zeiten vor und nach offiziellen Treffen, Pausen oder gemeinsame Fahrten bieten Gelegenheiten für persönlichere Gespräche.
4. **Schlage gemeinsame Aktivitäten außerhalb des Engagements vor**: Wenn du jemanden findest, mit dem du dich gut verstehst, könnte ein Kaffee nach dem Treffen der Anfang einer Freundschaft sein.
5. **Teile deine eigene Geschichte und Motivation**: Authentizität und Offenheit schaffen Verbindung. Erzähle, warum dir die Sache am Herzen liegt und wie sie dich persönlich berührt.

Verbindungs-Tipp: Oft sind die besten Freundschaften diejenigen, die aus gemeinsamer Arbeit und geteilten Herausforderungen entstehen. Suche nach Projekten oder Aufgaben, die Teamarbeit erfordern, um natürliche Gelegenheiten für tiefere Verbindungen zu schaffen.

Dein persönliches Verbindungs-Netzwerk aufbauen

Nachdem wir verschiedene Aspekte der sozialen Infrastruktur betrachtet haben – von Freundschaftsritualen über soziale Kreise bis hin zum Engagement – ist es an der Zeit, all diese Elemente in einem kohärenten, persönlichen Verbindungs-Netzwerk zusammenzuführen, das genau auf deine Bedürfnisse zugeschnitten ist.

Die Architektur eines gesunden sozialen Netzwerks

Ein robustes soziales Netzwerk besteht aus verschiedenen Arten von Verbindungen, die unterschiedliche Bedürfnisse erfüllen:

1. Der innere Kreis: Tiefe Verbindungen

- 1-5 Menschen, mit denen du eine tiefe, authentische Verbindung teilst
- Menschen, bei denen du vollkommen du selbst sein kannst
- Beziehungen, die Verletzlichkeit, Unterstützung und gegenseitiges Verständnis bieten

- Oft, aber nicht immer, langjährige Beziehungen wie beste Freunde, Partner oder Familienmitglieder

2. Der mittlere Kreis: Freunde und Bekannte

- 10-20 Menschen, mit denen du regelmäßig interagierst
- Freundschaften mit gemeinsamen Interessen oder Kontexten
- Menschen, mit denen du gerne Zeit verbringst, aber vielleicht nicht alle Details deines Lebens teilst
- Oft Hobbyfreunde, Kollegen, Nachbarn oder Bekannte aus sozialen Gruppen

3. Der äußere Kreis: Gemeinschaftsverbindungen

- 50-150 Menschen, die du kennst und mit denen du gelegentlich interagierst
- Die breitere Gemeinschaft, zu der du dich zugehörig fühlst
- Menschen, die dich wiedererkennen und grüßen würden
- Mitglieder deiner Gemeinschaft, deines Vereins, deiner religiösen Gruppe oder deines erweiterten Netzwerks

Die Balance verschiedener Verbindungstypen

Ein gesundes Netzwerk enthält verschiedene Arten von Verbindungen:

1. Anker-Beziehungen

Langfristige, stabile Beziehungen, die dir Kontinuität geben:

- Familienmitglieder, mit denen du gute Beziehungen pflegst
- Langjährige Freundschaften, die Lebensübergänge überdauert haben
- Partner oder sehr enge Freunde, die dich wirklich kennen

2. Wachstums-Beziehungen

Beziehungen, die dich herausfordern und dein Wachstum fördern:

- Mentoren oder Vorbilder
- Freunde mit anderen Perspektiven oder Hintergründen
- Menschen, die deine Horizonte erweitern und dich inspirieren

3. Freude-Beziehungen

Verbindungen, die dir Spaß, Leichtigkeit und Erholung bringen:

- Freunde, mit denen du lachen und spielen kannst
- Menschen, die deine Hobbys und Freizeitinteressen teilen

- Beziehungen, die leicht und unbeschwert sind

4. Zweck-Beziehungen

Verbindungen, die auf gemeinsamen Zielen oder Verantwortungen basieren:

- Arbeitskollegen oder Studienpartner
- Mitstreiter in Projekten oder ehrenamtlicher Arbeit
- Menschen, mit denen du gemeinsame Verantwortungen teilst (z.B. Eltern von deinen Kindern)

Dein Netzwerk kartieren und Lücken identifizieren

Um dein aktuelles Netzwerk zu verstehen und Bereiche für Entwicklung zu identifizieren, versuche diese Übung:

1. **Erstelle eine visuelle Karte deines Netzwerks**:
   - Zeichne drei konzentrische Kreise für den inneren, mittleren und äußeren Kreis
   - Trage die Namen der Menschen in den entsprechenden Kreis ein
   - Verwende verschiedene Farben für verschiedene Arten von Beziehungen (Anker, Wachstum, Freude, Zweck)
2. **Analysiere deine Karte**:
   - Wo siehst du Stärken in deinem Netzwerk?
   - Wo gibt es Lücken oder Ungleichgewichte?
   - Welche Art von Verbindungen könntest du mehr gebrauchen?
   - Gibt es vernachlässigte Beziehungen, die Aufmerksamkeit verdienen?
3. **Entwickle einen Aktionsplan**:
   - Identifiziere 2-3 spezifische Schritte, um dein Netzwerk zu stärken
   - Setze Prioritäten basierend auf deinen wichtigsten Bedürfnissen
   - Definiere konkrete, machbare Aktionen

Netzwerk-Kartierungs-Tipp: Wiederhole diese Übung alle 6-12 Monate. Soziale Netzwerke sind dynamisch und verändern sich mit der Zeit.

Die regelmäßige Überprüfung hilft dir, proaktiv zu bleiben und Verschiebungen frühzeitig zu erkennen.

Langfristige Netzwerkpflege

Ein soziales Netzwerk ist wie ein Garten – es braucht kontinuierliche Pflege, um zu gedeihen. Hier sind Strategien für langfristige Netzwerkpflege:

1. Regelmäßige Check-ins

Halte den Kontakt auch in Zeiten, in denen du beschäftigt bist:

- Führe einen "Kontakt-Tag" im Kalender ein – vielleicht jeden Sonntag eine Stunde, um kurze Nachrichten zu schreiben oder anzurufen
- Nutze Erinnerungen für wichtige Ereignisse im Leben deiner Freunde
- Plane vierteljährliche "Freundschafts-Audits" – wer braucht mehr Aufmerksamkeit?

2. Investiere in den richtigen Proportionen

Nicht alle Beziehungen brauchen oder verdienen die gleiche Aufmerksamkeit:

- Priorisiere den inneren Kreis mit regelmäßiger, qualitativer Zeit
- Halte den mittleren Kreis durch regelmäßige Gruppentreffen oder gelegentliche Einzeltreffen aktiv
- Pflege den äußeren Kreis durch gelegentliche Teilnahme an

3. Akzeptiere den natürlichen Lebenszyklus von Beziehungen

Nicht alle Beziehungen sind für die Ewigkeit bestimmt:

- Erkenne, wenn eine Freundschaft ihren natürlichen Lauf genommen hat
- Praktiziere Dankbarkeit für das, was war, auch wenn es sich verändert
- Mache Platz für neue Verbindungen, während du wertvolle alte ehrst

- Unterscheide zwischen Beziehungen, die Pflege brauchen, und solchen, die sich natürlich entwickelt haben

4. Sei proaktiv bei Übergängen

Lebensübergänge (Umzug, Jobwechsel, Beziehungsveränderungen) sind oft Zeiten, in denen soziale Netzwerke brüchig werden:
- Plane bewusst, wie du wichtige Verbindungen durch Übergänge hinweg aufrechterhalten wirst
- Kommuniziere offen über Veränderungen und deine Absicht, in Kontakt zu bleiben
- Schaffe neue Rituale, die zur veränderten Situation passen
- Integriere bestehende Beziehungen in dein neues Umfeld, wenn möglich

Übergangstipp: Bei größeren Lebensveränderungen, erstelle eine konkrete Liste von 5-10 Beziehungen, die dir besonders wichtig sind, und entwickle für jede einen spezifischen Plan, wie du sie durch den Übergang pflegen wirst.

Technologie sinnvoll nutzen

Digitale Werkzeuge können wertvolle Helfer bei der Pflege deines Netzwerks sein, wenn du sie bewusst einsetzt:

1. Kalender-Erinnerungen
- Trage Geburtstage und wichtige Ereignisse ein
- Plane regelmäßige Check-ins mit Menschen, die nicht in deinem täglichen Umfeld sind
- Setze Erinnerungen für "Freundschafts-Maintenance" – regelmäßige Kontaktaufnahmen

2. Gruppenchats und digitale Räume
- Schaffe spezifische Gruppenchats für verschiedene soziale Kreise
- Nutze kollaborative Tools für gemeinsame Planungen (z.B. für Trips, Events)

- Etabliere digitale Rituale wie wöchentliche Foto-Updates oder monatliche virtuelle Treffen

3. Social Media bewusst nutzen

- Verwende Social Media gezielt, um informiert zu bleiben, nicht als Ersatz für echte Interaktion
- Kommentiere und engagiere dich authentisch, statt nur passiv zu scrollen
- Teile Inhalte, die echte Gespräche anregen können
- Nutze private Nachrichten für persönlichere Verbindungen

Technologie-Tipp: Einmal im Monat, gehe deine Kontaktliste durch und wähle 3-5 Menschen, mit denen du schon länger nicht gesprochen hast. Schreibe ihnen eine persönliche Nachricht – nicht nur ein "Hey, wie geht's?", sondern etwas Spezifisches, das zeigt, dass du dich an sie und eure Verbindung erinnerst.

Resilienz in deinem sozialen Netzwerk

Ein robustes Netzwerk hält auch in schwierigen Zeiten stand. So baust du Resilienz ein:

1. **Diversifiziere deine Verbindungen**: Verlasse dich nicht auf eine einzige Quelle für all deine sozialen Bedürfnisse. Verschiedene Menschen in verschiedenen Kontexten bieten ein stärkeres Netz.

2. **Baue gegenseitige Unterstützung ein**: Starke Netzwerke basieren auf Gegenseitigkeit. Biete Unterstützung an, bevor du sie brauchst, und akzeptiere sie, wenn sie angeboten wird.

3. **Kommuniziere Bedürfnisse klar**: Menschen können nicht helfen, wenn sie nicht wissen, was du brauchst. Übe, deine Bedürfnisse klar und ohne Drama auszudrücken.

4. **Schaffe Redundanz**: Wie ein gut konstruiertes System sollte dein soziales Netzwerk Redundanzen haben – mehrere Menschen, die ähnliche Rollen erfüllen können, falls jemand vorübergehend nicht verfügbar ist.

5. **Pflege generationsübergreifende Verbindungen**: Beziehungen zu Menschen verschiedener Altersgruppen bieten unterschiedliche Perspektiven und Unterstützungsarten.

Resilienz-Tipp: Erstelle einen "Soziale-Not-Kontakte"-Plan: Identifiziere 3-5 Menschen, die du in verschiedenen Notfallszenarien kontaktieren könntest (emotionale Krise, praktische Hilfe, gesundheitlicher Notfall). Stelle sicher, dass diese Menschen wissen, dass du sie in solchen Situationen ansprechen würdest, und biete ihnen an, die gleiche Rolle für sie zu übernehmen.

In diesem Kapitel hast du gelernt, wie du eine tragfähige soziale Infrastruktur aufbaust – mit Ritualen, die Verbindungen stärken, Strategien, um vom Einzelgänger zum Gruppenmagnet zu werden, Engagement als Mittel gegen Einsamkeit und Methoden, um ein vielfältiges, resilientes persönliches Netzwerk zu schaffen.

Denk daran: Eine solide soziale Infrastruktur entsteht nicht über Nacht. Sie ist das Ergebnis bewusster Entscheidungen, kontinuierlicher Pflege und der Bereitschaft, sowohl zu geben als auch zu nehmen. Wie eine Stadt, die über Jahrzehnte wächst und sich entwickelt, wird auch dein soziales Netzwerk mit der Zeit reicher, komplexer und widerstandsfähiger.

Im nächsten Kapitel werden wir uns einem oft übersehenen Aspekt der Einsamkeitsüberwindung widmen: der Kunst des Alleinseins – wie du die Zeit mit dir selbst genießen und als Kraftquelle nutzen kannst, ohne in Einsamkeit zu verfallen.

Bisher haben wir uns intensiv damit beschäftigt, wie du mehr Verbindung zu anderen Menschen aufbauen kannst. Doch es gibt eine Verbindung, die mindestens genauso wichtig ist und oft übersehen wird: die Verbindung zu dir selbst. Die Fähigkeit, allein zu sein, ohne einsam zu sein – die Kunst des Alleinseins – ist paradoxerweise ein wesentlicher Baustein, um Einsamkeit zu überwinden.

In diesem Kapitel werden wir entdecken, wie du die Zeit mit dir selbst nicht nur ertragen, sondern wirklich genießen und als Quelle der Kraft nutzen kannst. Du wirst lernen, wie du Alleinsein von Einsamkeit unterscheiden, eine gesunde Selbstgenügsamkeit entwickeln und dich selbst als guten Freund behandeln kannst.

Denn die Wahrheit ist: Die Qualität deiner Beziehungen zu anderen wird maßgeblich von der Qualität deiner Beziehung zu dir selbst beeinflusst. Wer sich selbst ein guter Freund sein kann, bringt dieses Geschenk auch in jede andere Beziehung ein.

Warum Alleinsein eine Stärke ist

In einer Gesellschaft, die ständige Konnektivität feiert und Alleinsein oft mit Einsamkeit oder sozialer Unzulänglichkeit verwechselt, kann es revolutionär sein, die Kraft des Alleinseins zu entdecken und zu kultivieren.

Die verborgenen Vorteile des Alleinseins

Alleinsein bietet einzigartige Vorteile, die in ständiger Gesellschaft nicht zu finden sind:

1. **Raum für Selbstreflexion**: Wenn wir allein sind, haben wir die Gelegenheit, innezuhalten und unsere Gedanken, Gefühle und Erfahrungen zu verarbeiten. Dieser Raum ist essenziell für persönliches Wachstum und Selbsterkenntnis.

2. **Kreativität und Innovation**: Viele der größten kreativen Durchbrüche entstehen in Momenten des Alleinseins. Ohne

äußere Einflüsse kann unser Geist neue Verbindungen herstellen und originelle Ideen entwickeln.

3. **Emotionale Regulation**: Zeit mit uns selbst hilft uns, unsere emotionalen Batterien aufzuladen und Überstimulation zu vermeiden – besonders wichtig für Introvertierte, aber wertvoll für jeden.

4. **Autonomie und Selbstvertrauen**: Zu lernen, deine eigene Gesellschaft zu genießen, stärkt deine Unabhängigkeit und reduziert die emotionale Abhängigkeit von anderen für dein Wohlbefinden.

5. **Tiefere Verbindungen**: Paradoxerweise führt die Fähigkeit zum Alleinsein oft zu tieferen Verbindungen mit anderen, da du aus einem Ort der Fülle statt aus Bedürftigkeit heraus in Beziehungen gehst.

Die Wissenschaft hinter dem heilsamen Alleinsein

Die Forschung unterstützt den Wert der "positiven Einsamkeit" oder "Solitude":

- Studien zeigen, dass Menschen, die konstruktives Alleinsein praktizieren, oft eine höhere emotionale Intelligenz und bessere Stressbewältigungsfähigkeiten haben

- Gehirnscans zeigen, dass unser "Default Mode Network" – das neuronale Netzwerk, das mit Selbstreflexion und kreativer Problemlösung verbunden ist – am aktivsten ist, wenn wir allein und unabgelenkt sind

- Forschungen zu "Fear of Missing Out" (FOMO) zeigen, dass Menschen, die gut allein sein können, weniger anfällig für sozialen Druck und impulsive Entscheidungen sind

Einsamkeit vs. Alleinsein: Den Unterschied verstehen

Der Schlüssel liegt darin, den fundamentalen Unterschied zwischen Einsamkeit und Alleinsein zu verstehen:

Einsamkeit:

- Ist ein schmerzhafter emotionaler Zustand
- Entsteht aus einem Gefühl der Isolation und des Mangels
- Ist mit negativen Gedankenspiralen verbunden
- Fühlt sich oft aufgezwungen an
- Kann auch in Gegenwart anderer auftreten

Alleinsein:

- Ist ein neutraler oder positiver physischer Zustand
- Kann ein Gefühl der Freiheit und Möglichkeit schaffen
- Fördert Kreativität und Reflexion
- Ist oft eine bewusste Wahl
- Kann zu einem Gefühl der Verbundenheit mit sich selbst führen

Der gleiche äußere Umstand – physisch allein zu sein – kann je nach deiner inneren Haltung und deinen Fähigkeiten entweder als einsam oder als bereichernd erlebt werden.

Alleinsein-Tipp: Beginne ein "Alleinsein-Tagebuch", in dem du deine Erfahrungen mit bewusstem Alleinsein dokumentierst. Notiere, wie du dich vor, während und nach der allein verbrachten Zeit fühlst. Mit der Zeit wirst du Muster erkennen – welche Arten von Alleinsein dich nähren und welche zu Einsamkeitsgefühlen führen können.

Selbstgenügsamkeit ohne Einsamkeit

Selbstgenügsamkeit – die Fähigkeit, aus eigenen Ressourcen Erfüllung zu schöpfen – ist eine wertvolle Eigenschaft. Sie bedeutet nicht, andere Menschen nicht zu brauchen oder zu wollen, sondern eine innere Stärke zu entwickeln, die nicht vollständig von äußerer Bestätigung abhängig ist.

Die Grundlagen der emotionalen Selbstversorgung

Emotionale Selbstversorgung ist wie das Erlernen, für dich selbst zu kochen, anstatt immer im Restaurant zu essen. Hier sind die wichtigsten Zutaten:

1. Selbst-Bewusstsein

Die Fähigkeit, deine eigenen emotionalen Zustände zu erkennen und zu benennen:

- Entwickle ein Vokabular für deine Gefühle, das über "gut" und "schlecht" hinausgeht
- Übe regelmäßige Check-ins mit dir selbst, um zu erfassen, wie es dir geht
- Lerne, subtile emotionale Signale deines Körpers zu lesen

2. Selbst-Mitgefühl

Die Praxis, dich mit der gleichen Freundlichkeit zu behandeln, die du einem geliebten Menschen entgegenbringen würdest:

- Sprich mit dir selbst in einem unterstützenden, nicht kritischen Ton
- Erkenne an, dass Fehler und Schmerz Teil des gemeinsamen menschlichen Erfahrungsschatzes sind
- Gib dir selbst die Erlaubnis, unvollkommen zu sein und zu lernen

3. Selbst-Regulation

Die Fähigkeit, deine emotionalen Zustände zu steuern und zu modulieren:

- Entwickle ein Repertoire an Selbstberuhigungstechniken (tiefes Atmen, Bewegung, Natur, etc.)
- Erkenne Auslöser für emotionale Überwältigung und entwickle Strategien, damit umzugehen
- Übe dich in der Kunst des "emotionalen Surfens" – Gefühle wahrzunehmen, ohne von ihnen mitgerissen zu werden

4. Selbst-Unterhaltung

Die Fähigkeit, deine eigene Gesellschaft zu genießen und dir selbst bedeutungsvolle Erfahrungen zu schaffen:

- Kultiviere Hobbys und Interessen, die du allein genießen kannst
- Erschaffe Rituale, die dir Freude bereiten, ohne externe Bestätigung
- Lerne, Stille und Leere nicht sofort mit Ablenkung füllen zu müssen

Praktische Übungen für emotionale Selbstversorgung

Hier sind einige konkrete Übungen, um deine emotionale Selbstversorgung zu stärken:

Die Selbstmitgefühls-Pause

1. Stoppe, wenn du merkst, dass du mit dir hart ins Gericht gehst
2. Lege eine Hand aufs Herz und atme tief ein
3. Sage zu dir selbst: "Dies ist ein Moment des Leidens. Leiden gehört zum Leben. Möge ich freundlich zu mir sein."
4. Frage dich: "Was würde ich jetzt zu einem Freund in der gleichen Situation sagen?" – und sage es dann zu dir selbst

Das Emotions-Inventar

1. Setze dich bequem hin und schließe die Augen
2. Scanne langsam deinen Körper von den Zehen bis zum Kopf
3. Bemerke, wo du Spannungen, Leichtigkeit oder andere Empfindungen spürst
4. Benenne die Emotionen, die mit diesen körperlichen Empfindungen verbunden sind
5. Schreibe sie ohne Wertung auf

Der Selbst-Date-Tag

1. Plane einen halben oder ganzen Tag nur für dich selbst
2. Gestalte ihn so sorgfältig, als würdest du ein Date mit jemandem planen, den du beeindrucken möchtest
3. Wähle Aktivitäten, die du wirklich genießt, nicht solche, von denen du denkst, dass du sie tun "solltest"
4. Sei während dieses Dates vollständig präsent – als wärst du mit jemandem zusammen, dem du deine volle Aufmerksamkeit schenken möchtest

Selbstgenügsamkeits-Tipp: Erstelle eine "Emotionale Erste-Hilfe-Box" für Zeiten, in denen du dich einsam fühlst. Fülle sie mit Dingen, die dich trösten und dir guttun: ein Lieblingsbuch, besondere Tees, ein weiches Kissen, Fotos von schönen Erinnerungen, inspirierende Zitate oder

Briefe, beruhigende ätherische Öle, etc. Die physische Box erinnert dich daran, dass du Werkzeuge hast, um für dich selbst zu sorgen.

Das Paradox der gesunden Abhängigkeit

Wahre Selbstgenügsamkeit bedeutet nicht, niemanden zu brauchen. Dies ist ein häufiges Missverständnis, das zu noch mehr Isolation führen kann. Stattdessen geht es darum, eine gesunde Balance zu finden zwischen:

- Der Fähigkeit, allein zu sein und für dich selbst zu sorgen
- Der Offenheit, Unterstützung zu suchen und anzunehmen, wenn du sie brauchst

Diese Balance wird als "gesunde Interdependenz" bezeichnet – der Zustand, in dem wir unsere eigene Stärke anerkennen, während wir gleichzeitig die Bedeutung von Verbindung und gegenseitiger Unterstützung würdigen.

Interdependenz-Tipp: Führe eine "Stärken- und Unterstützungs-Inventur" durch. Schreibe auf:

- 5 emotionale Bedürfnisse, die du gut selbst erfüllen kannst
- 5 emotionale Bedürfnisse, bei denen die Unterstützung anderer besonders wertvoll ist Diese Übung hilft dir, zu erkennen, wo Selbstgenügsamkeit sinnvoll ist und wo Verbindung gesucht werden sollte.

Der Solo-Sonntag als Kraftquelle

Ein bewusst gestalteter Tag der Woche, den du regelmäßig mit dir selbst verbringst – nennen wir ihn den "Solo-Sonntag" – kann zu einer wahren Kraftquelle werden. Er bietet nicht nur eine Pause von sozialen Verpflichtungen, sondern auch eine Gelegenheit, deine Beziehung zu dir selbst zu vertiefen und zu pflegen.

Die Kernelemente eines nährenden Solo-Sonntags

Ein erfüllender Tag mit dir selbst umfasst typischerweise diese Elemente:

1. Entschleunigung

Ein Gegenmittel zur konstanten Geschwindigkeit des Alltags:

- Verzichte bewusst auf die Uhr und lass den Tag in seinem natürlichen Rhythmus fließen
- Plane weniger Aktivitäten ein, als du glaubst, unterbringen zu können
- Gib dir Erlaubnis für Pausen, Nickerchen oder einfach zum Fenster hinausschauen

2. Präsenz

Die Kunst, vollständig im Moment zu sein:

- Reduziere Ablenkungen durch Technologie (vielleicht ein Handy-Fasten für einige Stunden)
- Wähle Aktivitäten, die deine volle Aufmerksamkeit erfordern oder fördern
- Übe achtsames Erleben alltäglicher Handlungen wie Essen, Gehen oder Atmen

3. Genuss

Bewusstes Erleben von Freude und Vergnügen:

- Integriere sensorische Erfahrungen, die du liebst (Lieblingsmusik, besonderes Essen, angenehme Düfte)
- Erlaube dir Dinge, die du normalerweise als "Verschwendung" oder "unproduktiv" abtun würdest
- Zelebriere kleine Freuden mit voller Aufmerksamkeit

4. Reflexion

Zeit für Innenschau und Verarbeitung:

- Journaling über deine Gedanken, Gefühle oder Erkenntnisse
- Spazierengehen ohne Ziel, um den Geist wandern zu lassen
- Meditation oder stille Kontemplation

5. Kreativität

Ausdrucksformen ohne Leistungsdruck:

- Künstlerische Tätigkeiten ohne Ergebniszwang
- Experimentieren mit neuen Ideen oder Fähigkeiten

- Playfulness – spielerischer Umgang mit Alltäglichem

Beispiel eines Solo-Sonntags

Hier ist ein Beispiel, wie ein Solo-Sonntag aussehen könnte (natürlich solltest du ihn an deine eigenen Vorlieben anpassen):

Morgen:
- Aufwachen ohne Wecker
- Morgenritual mit Tee/Kaffee und Journaling
- Langsames Frühstück mit vollem Bewusstsein für Geschmack und Textur
- Leichte Bewegung (Yoga, Stretching, kurzer Spaziergang)

Mittag:
- Kochen eines besonderen Mittagessens nur für dich selbst
- Lesen in der Sonne oder an einem gemütlichen Ort
- Kurze Meditation oder Achtsamkeitsübung
- Mittagsschlaf oder Ruhezeit

Nachmittag:
- Kreative Aktivität ohne Leistungsdruck (malen, schreiben, musizieren, basteln)
- Längerer Spaziergang in der Natur oder Stadtbummel
- Besuch eines Ortes, der dir Freude bereitet (Museum, Buchhandlung, Park)
- "Gedanken-Wandern" – Zeit für unstrukturiertes Nachdenken

Abend:
- Entspannendes Abendritual (Bad, Hautpflege, Tee)
- Reflektierendes Journaling über den Tag
- Gemütlicher Abend mit Film, Musik oder Buch
- Bewusstes Einschlafritual

Solo-Sonntag-Tipp: Bereite deinen Solo-Sonntag vor, indem du eine "Möglichkeiten-Box" erstellst – eine Liste oder tatsächliche Box mit Ideen für Aktivitäten, die du allein genießen kannst. Wenn du dann an deinem Tag plötzlich unsicher bist, was du tun möchtest, hast du eine Quelle der Inspiration.

Häufige Hindernisse und wie du sie überwindest

Selbst mit den besten Absichten kann es Herausforderungen geben, die einen erfüllenden Solo-Tag erschweren:

1. Das schlechte Gewissen

"Ich sollte eigentlich produktiver sein / anderen helfen / soziale Kontakte pflegen..."

Lösung: Erinnere dich daran, dass Selbstfürsorge keine Selbstsucht ist. Du kannst anderen mehr geben, wenn dein eigener "Brunnen" gefüllt ist. Plane konkret, wie du nach deinem Solo-Tag wieder mit anderen in Kontakt trittst.

2. Die Ablenkungsversuchung

Das ständige Checken von Nachrichten oder Social Media untergräbt den Zweck des Alleinseins.

Lösung: Schaffe bewusste "Technologie-Grenzen" – vielleicht Handy in einen anderen Raum legen, Apps vorübergehend deinstallieren oder bestimmte technikfreie Zeiten festlegen.

3. Die Gedankenspirale

Ohne die Ablenkung anderer Menschen können negative Gedankenmuster manchmal stärker werden.

Lösung: Habe einen "Notfallplan" für schwierige Gedanken – eine Achtsamkeitsübung, eine körperliche Aktivität oder einen Wechsel des Umfelds. Erinnere dich: Gedanken sind nicht Fakten.

4. Die ungewohnte Stille

Nach Jahren der konstanten Stimulation kann Stille zunächst unangenehm sein.

Lösung: Beginne mit kürzeren Perioden der Stille und steigere sie allmählich. Erlaube dir, dich in die Stille "hineinzulehnen" und ihre Qualitäten zu erforschen, anstatt ihr zu widerstehen.

Hindernisüberwindungs-Tipp: Halte ein "Erfolgsjournal" für deine Solo-Tage – notiere, was besonders erfüllend war, welche Herausforderungen auftraten und was du beim nächsten Mal anders machen möchtest. Mit der Zeit wirst du deinen persönlichen "Alleinsein-Stil" entdecken und verfeinern.

Wie du dir selbst ein guter Freund wirst

Die Qualität deiner Beziehung zu dir selbst bestimmt maßgeblich, wie du Alleinsein erlebst. Wer mit einem kritischen inneren Dialog zu kämpfen hat, wird selbst die schönsten Solo-Aktivitäten nicht wirklich genießen können. Daher ist es entscheidend, zu lernen, wie du dein eigener bester Freund werden kannst.

Den inneren Kritiker zähmen

Viele von uns tragen einen inneren Kritiker in sich – eine Stimme, die ständig urteilt, vergleicht und uns für nicht gut genug befindet. Um dir selbst ein guter Freund zu sein, musst du zunächst lernen, diese Stimme zu erkennen und ihre Macht zu reduzieren.

1. Identifiziere deinen inneren Kritiker

- Achte auf absolute Aussagen wie "immer", "nie", "jeder", "keiner"
- Erkenne verallgemeinernde Selbstbewertungen wie "Ich bin ein Versager" oder "Ich bin unbeliebt"
- Bemerke, wenn du dich mit anderen vergleichst und dabei immer den Kürzeren ziehst

2. Erschaffe Distanz

- Gib deinem inneren Kritiker einen Namen, um Abstand zu gewinnen

- Sprich die kritischen Gedanken laut aus, um ihre Überzeugungskraft zu verringern
- Frage dich: "Ist das wirklich wahr?" und "Würde ich das zu einem Freund sagen?"

3. Ersetze Kritik durch Coaching

- Formuliere um von "Ich bin so schlecht in..." zu "Ich lerne noch, wie man..."
- Ersetze "Ich hätte..." durch "Nächstes Mal könnte ich..."
- Wandle "Das war dumm von mir" in "Das war eine wertvolle Lektion"

Innerer-Kritiker-Tipp: Führe ein "Innerer-Kritiker-Tagebuch" für eine Woche. Notiere jedes Mal, wenn du bemerkst, dass dein innerer Kritiker aktiv wird. Schreibe auf, was der Auslöser war, was der Kritiker sagte und wie du dich daraufhin gefühlt hast. Nach einer Woche überprüfe deine Einträge auf Muster und überlege dir freundlichere, unterstützendere Antworten für die häufigsten kritischen Gedanken.

Selbstfürsorge als tägliche Praxis

Selbstfürsorge ist mehr als gelegentliche Wellness-Treats – es ist eine tägliche Praxis, die deine Beziehung zu dir selbst nährt und stärkt.

Die vier Dimensionen der Selbstfürsorge

1. Körperliche Selbstfürsorge Kümmere dich um deinen Körper – dein physisches Zuhause:

- Ausreichend Schlaf
- Nahrhafte Ernährung
- Bewegung, die dir Freude bereitet
- Körperliche Berührung (Massage, weiche Textilien, warmes Bad)

2. Emotionale Selbstfürsorge Gib deinen Gefühlen Raum und respektiere sie:

- Erlaube dir alle Emotionen, ohne sie zu unterdrücken

- Finde gesunde Wege, Gefühle auszudrücken (Kunst, Schreiben, Bewegung)
- Setze emotionale Grenzen, wo nötig
- Suche Unterstützung, wenn Gefühle überwältigend werden

3. Mentale Selbstfürsorge Pflege deinen Geist und deine kognitiven Fähigkeiten:

- Intellektuelle Stimulation durch Lernen und Entdecken
- Mentale Pausen und Meditation
- Einschränkung von Medienkonsum, der dich belastet
- Pflege einer Wachstumseinstellung statt eines statischen Mindsets

4. Spirituelle Selbstfürsorge Verbinde dich mit etwas Größerem als dir selbst:

- Zeit in der Natur verbringen
- Praktiken, die Sinn und Bedeutung fördern
- Dankbarkeit kultivieren
- Werte identifizieren und danach leben

Von der To-do-Liste zur Self-Care-Routine

Um Selbstfürsorge von einer weiteren Verpflichtung in eine natürliche Routine zu verwandeln:

1. **Integriere, statt zu addieren**: Füge Selbstfürsorge in bestehende Routinen ein, anstatt sie als separate Aktivität zu betrachten (z.B. Dankbarkeitsmoment während des Zähneputzens)
2. **Kleine, regelmäßige Praktiken**: Kurze, tägliche Praktiken sind wirksamer als seltene, große Selbstfürsorge-Events
3. **Verknüpfe mit Auslösern**: Verbinde Selbstfürsorge mit bestehenden Gewohnheiten (z.B. drei tiefe Atemzüge nach jedem Handywechsel)
4. **Feiern statt Zwingen**: Behandle Selbstfürsorge als ein Geschenk, nicht als Pflicht – feiere kleine Erfolge und sei geduldig bei Rückschlägen

Selbstfürsorge-Tipp: Erstelle eine "Selbstfürsorge-Menükarte" mit schnellen (5 Minuten), mittleren (30 Minuten) und ausgedehnten (2+ Stunden) Optionen für jede der vier Dimensionen. Wenn du merkst, dass du Selbstfürsorge brauchst, kannst du je nach verfügbarer Zeit eine passende Option "bestellen".

Deine eigene Geschichte neu schreiben

Ein wesentlicher Teil, dein eigener Freund zu werden, besteht darin, die Art und Weise zu verändern, wie du deine eigene Geschichte erzählst – sowohl dir selbst als auch anderen.

Die Macht deiner persönlichen Narrative

Die Geschichten, die wir über uns selbst erzählen, sind mächtig. Sie formen unsere Identität, beeinflussen unser Verhalten und färben unsere Erfahrungen:

- Wenn deine Geschichte lautet "Ich bin jemand, der immer allein endet", wirst du unterbewusst Verhaltensweisen zeigen, die dieses Narrativ bestätigen
- Wenn deine Geschichte lautet "Ich lerne, mit mir selbst und anderen tiefere Verbindungen zu schaffen", öffnest du dich für neue Möglichkeiten

Wie du deine Geschichte neu gestaltest

1. **Identifiziere dein aktuelles Narrativ**
   - Wie würdest du deine "Einsamkeitsgeschichte" in 2-3 Sätzen zusammenfassen?
   - Welche wiederkehrenden Themen oder Metaphern verwendest du?
   - Welche Rolle nimmst du in deiner eigenen Geschichte ein? (Opfer, Kämpfer, Beobachter, etc.)
2. **Hinterfrage einschränkende Narrative**
   - Ist diese Geschichte vollständig wahr? Oder nur teilweise?
   - Welche Beweise sprechen gegen diese Geschichte?

   o Wie würde ein wohlwollender Freund deine Geschichte erzählen?

3. **Erschaffe ein neues Narrativ**
   - Identifiziere die Stärken und Weisheiten, die du durch deine Erfahrungen gewonnen hast
   - Integriere Momente der Verbindung und des Wachstums in deine Geschichte
   - Gestalte dich als aktiven Protagonisten, nicht als passiven Empfänger
   - Schaffe ein offenes Ende, das Raum für Entwicklung und neue Möglichkeiten lässt

4. **Lebe dein neues Narrativ**
   - Erzähle dir selbst und anderen deine neue Geschichte
   - Achte auf Momente, die dein neues Narrativ bestätigen und würdige sie
   - Handle im Einklang mit deiner neuen Geschichte
   - Sei geduldig – neue Geschichten brauchen Zeit, um sich zu etablieren

Narrativ-Tipp: Schreibe einen Brief aus der Perspektive deines zukünftigen Selbst, das auf deine aktuelle Phase zurückblickt. Wie wird diese Person die Herausforderungen, die du jetzt durchlebst, in die größere Geschichte deines Lebens einordnen? Welche Weisheit und welchen Fortschritt wird sie aus dieser Zeit erkennen können?

In diesem Kapitel hast du gelernt, wie du die Kunst des Alleinseins meistern kannst – nicht als Ersatz für soziale Verbindungen, sondern als komplementäre Fähigkeit, die dein gesamtes Leben bereichern kann. Du hast entdeckt, warum Alleinsein eine Stärke ist, wie du Selbstgenügsamkeit entwickeln kannst, wie ein bewusst gestalteter Solo-Tag zu einer Kraftquelle werden kann und wie du dir selbst ein guter Freund wirst.

Denk daran: In der Fähigkeit, allein zu sein, ohne dich einsam zu fühlen, liegt ein tiefes Geheimnis der menschlichen Erfahrung. Es ist nicht der Gegensatz zu Verbundenheit, sondern ihre Grundlage. Wer mit sich selbst in Frieden ist, bringt diese Qualität in jede Beziehung ein und erschafft gesündere, authentischere Verbindungen zu anderen.

Im nächsten Kapitel werden wir uns mit einer wichtigen Frage beschäftigen: Was ist, wenn trotz all dieser Strategien und Bemühungen nichts zu helfen scheint? Wir werden über professionelle Unterstützungsmöglichkeiten, den Umgang mit tiefgreifenden Einsamkeitskrisen und die Entwicklung persönlicher Resilienz sprechen.

Bis hierhin haben wir zahlreiche Strategien, Übungen und Perspektiven kennengelernt, um Einsamkeit zu überwinden. Vielleicht hast du einige davon bereits ausprobiert und positive Veränderungen bemerkt. Vielleicht fühlst du dich aber auch entmutigt, weil die Einsamkeit trotz deiner Bemühungen hartnäckig bleibt.

In diesem Kapitel beschäftigen wir uns mit einer wichtigen Wahrheit: Es gibt Formen und Phasen der Einsamkeit, die tiefer verwurzelt sind und professionellere oder intensivere Ansätze erfordern. Wir werden darüber sprechen, wann und wie du professionelle Hilfe suchen solltest, welche Unterstützungsgruppen besonders hilfreich sein können, wie du durch die härtesten Einsamkeitskrisen navigierst und wie du einen persönlichen Krisenplan entwickelst.

Denk daran: Dass du dieses Buch liest und nach Lösungen suchst, zeigt bereits enormen Mut und Entschlossenheit. Manchmal ist das Eingestehen, dass wir mehr Unterstützung brauchen, der mutigste Schritt von allen.

Wann professionelle Hilfe sinnvoll ist
Einsamkeit existiert auf einem Spektrum – von gelegentlichen Gefühlen der Isolation bis hin zu chronischen, lähmenden Zuständen, die das tägliche Leben erheblich beeinträchtigen. Es ist wichtig zu erkennen, wann Selbsthilfestrategien allein nicht mehr ausreichen und professionelle Unterstützung sinnvoll oder sogar notwendig wird.

Warnsignale erkennen
Folgende Anzeichen können darauf hindeuten, dass deine Einsamkeit ein Niveau erreicht hat, bei dem professionelle Hilfe ratsam ist:

1. Dauer und Intensität
- Die Einsamkeitsgefühle bestehen seit mehreren Monaten ohne nennenswerte Besserung

- Die Intensität der Gefühle nimmt zu, statt abzunehmen
- Die Einsamkeit fühlt sich überwältigend an, als würde sie dein gesamtes Leben dominieren

2. Beeinträchtigung des Alltags

- Du hast Schwierigkeiten, alltägliche Aufgaben zu bewältigen
- Deine Arbeitsfähigkeit oder schulische Leistung leidet stark
- Selbstfürsorge-Routinen (Essen, Schlafen, Hygiene) werden vernachlässigt

3. Begleitende psychische Symptome

- Anhaltende Traurigkeit oder Gefühle der Hoffnungslosigkeit
- Erhöhte Reizbarkeit oder Wut ohne erkennbaren Grund
- Verlust von Interesse an Aktivitäten, die früher Freude bereiteten
- Gedanken darüber, dass das Leben nicht lebenswert ist oder Suizidgedanken
- Extreme Erschöpfung ohne physische Ursache

4. Körperliche Manifestationen

- Chronische Schmerzen ohne eindeutige medizinische Ursache
- Schlafstörungen (zu viel oder zu wenig Schlaf)
- Signifikante Gewichtsveränderungen
- Häufige Kopfschmerzen, Magenschmerzen oder andere körperliche Beschwerden

5. Soziale Auffälligkeiten

- Totaler sozialer Rückzug, auch von Menschen, die dir früher nahestanden
- Extreme Angst vor sozialer Interaktion
- Schwierigkeiten, selbst einfache soziale Signale zu interpretieren
- Wiederholtes Scheitern sozialer Beziehungen aus ähnlichen Gründen

Die Einsamkeit-Depression-Verbindung verstehen

Einsamkeit und Depression sind eng miteinander verwoben, aber nicht dasselbe. Sie können sich jedoch gegenseitig verstärken:

- Chronische Einsamkeit kann zu depressiven Symptomen führen

- Depression kann soziale Isolation und dadurch Einsamkeit vertiefen
- Beide teilen ähnliche neuronale Pfade und biochemische Veränderungen
- Beide können für eine "negative Gedankenspirale" sorgen, die schwer zu durchbrechen ist

Wenn du bei dir sowohl Einsamkeit als auch Symptome einer Depression bemerkst, ist dies ein starkes Indiz dafür, dass professionelle Unterstützung hilfreich sein könnte.

Professionelle-Hilfe-Tipp: Überlege dir im Vorfeld, ob du dich mit einer leichten oder schweren Einsamkeitskrise konfrontiert siehst. Bei leichten bis mittelschweren Fällen kann ein Psychotherapeut, Coach oder Berater ausreichend sein. Bei schweren Fällen, besonders wenn sie mit depressiven Symptomen oder Suizidgedanken einhergehen, ist eine Kombination aus Psychotherapie und psychiatrischer Behandlung oft wirksamer.

Arten von professioneller Unterstützung

Wenn du entscheidest, professionelle Hilfe zu suchen, gibt es verschiedene Optionen:

1. Psychotherapie

Die häufigsten Therapieformen für Einsamkeit und damit verbundene Probleme:

- **Kognitive Verhaltenstherapie (KVT)**: Hilft, negative Gedankenmuster zu identifizieren und zu verändern, die zu sozialer Isolation führen können
- **Interpersonelle Therapie (IPT)**: Fokussiert auf die Verbesserung zwischenmenschlicher Beziehungen und Kommunikationsfähigkeiten
- **Akzeptanz- und Commitment-Therapie (ACT)**: Lehrt, schmerzhafte Gefühle zu akzeptieren und trotzdem nach persönlichen Werten zu handeln

- **Psychodynamische Therapie**: Untersucht, wie vergangene Erfahrungen und unbewusste Muster aktuelle Beziehungsschwierigkeiten beeinflussen

2. Psychiatrische Unterstützung

Wenn die Einsamkeit mit klinischer Depression, Angststörungen oder anderen psychischen Erkrankungen verbunden ist, kann ein Psychiater medikamentöse Behandlungen erwägen, die helfen können:

- Antidepressiva können bei der Bewältigung überwältigender negativer Gefühle helfen
- Angstlösende Medikamente können in manchen Fällen soziale Ängste reduzieren
- Eine richtig eingestellte Medikation kann das "emotionale Grundrauschen" stabilisieren und damit Raum für therapeutische Arbeit und soziale Verbindung schaffen

3. Coaching und Beratung

Für weniger schwere Fälle oder als Ergänzung zu Therapie:

- **Lebenscoaching**: Fokussiert auf konkrete Ziele und Strategien, um soziale Verbindungen aufzubauen
- **Kommunikationsberatung**: Hilft, soziale Fähigkeiten zu verbessern
- **Sozialarbeiter**: Können bei der Verbindung zu gemeinschaftlichen Ressourcen unterstützen

4. Online-Therapie und -Beratung

Besonders für Menschen, die Schwierigkeiten haben, das Haus zu verlassen oder in ländlichen Gebieten leben:

- Verschiedene Apps und Plattformen bieten Zugang zu lizenzierten Therapeuten
- Online-Kurse für soziale Fähigkeiten und emotionale Intelligenz
- Teletherapie-Sitzungen via Video oder Telefon

Therapeutenfindungs-Tipp: Bei der Suche nach einem Therapeuten ist die persönliche "Chemie" entscheidend. Viele Therapeuten bieten ein kostenloses Erstgespräch an, um zu sehen, ob die Zusammenarbeit passt. Zögere nicht, mehrere Therapeuten kennenzulernen, bevor du eine

Entscheidung triffst – es ist wie bei Freundschaften, nicht jede Persönlichkeit passt zu dir.

Die Hürden der Hilfesuche überwinden

Obwohl professionelle Hilfe wertvoll sein kann, gibt es oft innere und äußere Hürden, die Menschen davon abhalten, sie zu suchen:

Innere Hürden:

- **Stigma und Scham**: "Was werden andere denken, wenn ich zum Therapeuten gehe?"
- **Stolz und Selbstbild**: "Ich sollte dieses Problem alleine lösen können."
- **Hoffnungslosigkeit**: "Nichts wird mir helfen können."
- **Angst vor Verletzlichkeit**: "Ich will nicht über meine tiefsten Gefühle sprechen."

Äußere Hürden:

- **Finanzielle Bedenken**: "Ich kann mir Therapie nicht leisten."
- **Zugänglichkeit**: "Es gibt keine passenden Angebote in meiner Nähe."
- **Zeitaufwand**: "Ich habe keine Zeit für regelmäßige Sitzungen."
- **Unkenntnis des Systems**: "Ich weiß nicht, wo ich anfangen soll zu suchen."

Strategien zur Überwindung dieser Hürden:

1. **Erinnere dich**: Die Suche nach Unterstützung ist ein Zeichen von Stärke, nicht von Schwäche. Es zeigt Selbstfürsorge und Entschlossenheit.
2. **Informiere dich**: Recherchiere Optionen, die finanziell machbar sind – viele Therapeuten bieten Sitzungen nach Einkommen gestaffelt an, manche Versicherungen übernehmen die Kosten, und es gibt kostenlose oder günstige kommunale Dienste.
3. **Starte klein**: Ein erster Termin bedeutet nicht, dass du dich zu jahrelanger Therapie verpflichtest. Denk daran als Erkundungsgespräch.

4. **Nutze digitale Optionen**: Online-Therapie und telefonische Beratung können Zeit sparen und sind oft günstiger.

5. **Sprich mit jemandem, der bereits Therapie macht**: Persönliche Erfahrungsberichte können Ängste reduzieren und wertvolle Tipps liefern.

Hürdenüberwindungs-Tipp: Verfasse einen Brief an dich selbst, in dem du auflistest, wie dein Leben aussehen könnte, wenn du die Unterstützung bekommst, die du brauchst. Beschreibe, wie es sich anfühlen würde, weniger einsam zu sein, mehr Verbindung zu spüren und emotionale Erleichterung zu erfahren. Dieser Brief kann eine kraftvolle Motivation sein, wenn du zögerst, den ersten Schritt zu tun.

Unterstützungsgruppen finden und nutzen

Während individuelle professionelle Hilfe wertvoll ist, bieten Unterstützungsgruppen eine einzigartige Form der Heilung: die Erfahrung, dass du mit deinen Gefühlen nicht allein bist. Das gemeinsame Erleben ähnlicher Herausforderungen kann tiefe Verbindungen schaffen und praktische, erprobte Strategien vermitteln.

Arten von Unterstützungsgruppen

Es gibt verschiedene Arten von Gruppen, die bei Einsamkeit helfen können:

1. Spezifische Einsamkeits-Unterstützungsgruppen

Diese Gruppen konzentrieren sich direkt auf das Thema Einsamkeit:

- Teilnehmer teilen ihre Erfahrungen mit sozialer Isolation
- Strategien zum Aufbau sozialer Verbindungen werden diskutiert
- Gemeinsame Übungen zur Überwindung sozialer Ängste werden praktiziert

2. Gruppen für zugrundeliegende Herausforderungen

Wenn deine Einsamkeit mit spezifischen Lebensumständen zusammenhängt, könnten diese Gruppen hilfreich sein:

- Trauergruppen (für Menschen, die einen Verlust erlebt haben)
- Scheidungs-/Trennungsgruppen

- Gruppen für chronische Erkrankungen oder Behinderungen
- Gruppen für Neuankömmlinge in einer Stadt oder einem Land
- LGBTQ+-Unterstützungsgruppen
- Gruppen für ältere Menschen oder junge Erwachsene in Übergangsphasen

3. Selbsthilfegruppen für psychische Gesundheit

Wenn deine Einsamkeit mit psychischen Gesundheitsproblemen verbunden ist:

- Depressions- oder Angstgruppen
- Gruppen für soziale Ängste
- Gruppen für Menschen mit Trauma-Erfahrungen
- Allgemeine psychische Gesundheitsgruppen

4. Aktivitäts- oder Interessengruppen mit Unterstützungskomponente

Diese kombinieren gemeinsame Aktivitäten mit emotionaler Unterstützung:

- Achtsames Wandern für Menschen mit Depressionen
- Kreatives Schreiben zur Bewältigung emotionaler Herausforderungen
- Kunst- oder Musiktherapiegruppen
- Gemeinschaftsgärten mit therapeutischem Fokus

Unterstützungsgruppen finden

Es gibt verschiedene Wege, passende Unterstützungsgruppen zu finden:

1. **Therapeuten und medizinische Fachleute**: Dein Arzt, Therapeut oder Berater kann oft lokale Gruppen empfehlen, die zu deinen spezifischen Bedürfnissen passen.
2. **Kommunale Ressourcen**: Gemeinschaftszentren, Bürgerhäuser, Bibliotheken und religiöse Einrichtungen hosten häufig Selbsthilfegruppen.
3. **Organisationen für psychische Gesundheit**: Nationale und lokale Organisationen für psychische Gesundheit führen oft Listen von Unterstützungsgruppen oder betreiben eigene.

4. **Online-Ressourcen**:
    o Selbsthilfegruppen-Datenbanken deines Landes
    o Plattformen wie Meetup.com haben oft Kategorien für Unterstützungsgruppen
    o Facebook-Gruppen (achte auf solche mit aktiver Moderation)
    o Apps, die auf psychische Gesundheit und Unterstützung spezialisiert sind
5. **Virtuelle Optionen**: Viele Unterstützungsgruppen treffen sich online via Zoom oder ähnliche Plattformen, was den Zugang erleichtert.

Gruppen-Such-Tipp: Beginne deine Suche mit breiteren Begriffen und verfeinere sie dann. Wenn du zum Beispiel keine spezifische "Einsamkeits-Unterstützungsgruppe" findest, suche nach allgemeineren Begriffen wie "psychische Gesundheit", "soziale Verbindung" oder nach Gruppen, die sich mit den Faktoren befassen, die zu deiner Einsamkeit beitragen.

Das Beste aus Unterstützungsgruppen herausholen

Der bloße Besuch einer Unterstützungsgruppe garantiert noch keine positiven Ergebnisse. Hier sind Strategien, um das Maximum aus der Erfahrung herauszuholen:

Vor dem ersten Besuch:
1. **Kläre deine Erwartungen**: Was hoffst du von der Gruppe zu bekommen? Emotionale Unterstützung? Praktische Tipps? Neue Verbindungen?
2. **Bereite dich mental vor**: Der erste Besuch kann einschüchternd sein. Plane etwas Beruhigendes für vorher und nachher ein.
3. **Informiere dich über die Struktur**: Sind es offene oder geschlossene Gruppen? Gibt es einen Moderator? Wie lange dauern die Treffen?

4. **Überlege dir eine kurze Vorstellung**: Die meisten Gruppen bitten Neuankömmlinge um eine kurze Vorstellung. Denk vorher darüber nach, was du teilen möchtest.

Während der Gruppensitzungen:
1. **Beginne mit Zuhören**: In den ersten Sitzungen ist es oft hilfreich, mehr zu beobachten als zu sprechen, um die Gruppendynamik zu verstehen.
2. **Respektiere Gruppenregeln**: Die meisten Gruppen haben Grundregeln wie Vertraulichkeit, Respekt und keine Unterbrechungen.
3. **Teile authentisch, aber angemessen**: Ehrlichkeit ist wichtig, aber achte auf die Tiefe und den Umfang dessen, was du in verschiedenen Phasen teilst.
4. **Sei offen für verschiedene Perspektiven**: Du wirst nicht mit allem übereinstimmen, was geteilt wird, und das ist in Ordnung.
5. **Nimm aktiv teil**: Wenn du dich wohl fühlst, biete anderen Unterstützung und Feedback an.

Zwischen den Sitzungen:
1. **Reflektiere über das Gelernte**: Führe ein Tagebuch über Erkenntnisse und wie du sie anwenden könntest.
2. **Probiere Vorschläge aus**: Experimentiere mit den in der Gruppe geteilten Strategien.
3. **Bleibe verbunden**: Manche Gruppen haben WhatsApp-Gruppen oder andere Kommunikationskanäle zwischen den Treffen.
4. **Erkenne an, wenn eine Gruppe nicht passt**: Nicht jede Gruppe ist für jeden geeignet. Nach 2-3 Besuchen solltest du ein Gefühl dafür haben, ob die Dynamik für dich funktioniert.

Gruppenerfahrungs-Tipp: Vermeide die häufige Falle des Vergleichens. Wenn du hörst, dass andere "weiter" sind oder "größere Fortschritte" machen, erinnere dich daran, dass jeder seine eigene Reise und sein eigenes Tempo hat. Der einzig relevante Vergleich ist zwischen deinem früheren Selbst und deinem heutigen Selbst.

Die härtesten Einsamkeitskrisen überstehen

Es gibt Phasen, in denen die Einsamkeit besonders akut und überwältigend wird – oft ausgelöst durch besondere Umstände wie Feiertage, bedeutsame Lebensereignisse oder unerwartete Trigger. Diese Krisen können sowohl die schwersten als auch die transformativsten Momente auf deinem Weg aus der Einsamkeit sein.

Einsamkeitskrisen verstehen und antizipieren

Einsamkeitskrisen folgen oft vorhersehbaren Mustern und Auslösern:

Typische Auslöser für Einsamkeitskrisen:

1. **Kalenderbezogene Trigger**:
   - Feiertage und Festtage (besonders solche, die traditionell mit Familie oder Partnern verbracht werden)
   - Jahrestage (von Verlusten, Trennungen oder anderen bedeutsamen Ereignissen)
   - Geburtstage (eigene und die von nahestehenden Personen)

2. **Lebensereignisse**:
   - Umzüge in neue Städte oder Länder
   - Größere berufliche Veränderungen
   - Beziehungsenden oder Verluste
   - Gesundheitliche Diagnosen oder Veränderungen der körperlichen Fähigkeiten

3. **Soziale Vergleiche**:
   - Hochzeiten von Freunden oder Bekannten
   - Ankündigungen von Lebensmeilensteinen in sozialen Medien (Verlobungen, Schwangerschaften, etc.)
   - Familienfeiern oder Klassentreffen

4. **Umgebungsfaktoren**:
   - Wetterbezogene Isolation (z.B. lange Winter)
   - Veränderungen im Wohnumfeld (Nachbarn ziehen weg, etc.)
   - Erzwungene Isolation durch äußere Umstände

Die Physiologie und Psychologie von Einsamkeitskrisen

Während einer Einsamkeitskrise durchläuft dein Körper und Geist mehrere Phasen:

1. **Akutphase**:
   - Erhöhter Stress und Aktivierung des sympathischen Nervensystems
   - "Kampf oder Flucht"-Reaktionen (Reizbarkeit oder Rückzug)
   - Intensive emotionale Reaktionen, die überwältigend wirken können
   - Körperliche Symptome wie Brustenge, flache Atmung oder Erschöpfung
2. **Rumination**:
   - Kreisende Gedanken, oft negativ und selbstkritisch
   - Überanalyse vergangener sozialer Interaktionen
   - Katastrophisierende Zukunftsvorstellungen
3. **Vermeidungsverhalten**:
   - Ablehnung sozialer Gelegenheiten aus Angst oder Schutz
   - Rückzug in passive Aktivitäten (exzessives Fernsehen, Scrollen durch soziale Medien)
   - Kompensationsverhalten (übermäßiges Essen, Trinken, Arbeiten)

Die gute Nachricht: Mit bewussten Strategien kann jede dieser Phasen adressiert und die Intensität der Krise reduziert werden.

Sofort-Strategien für akute Einsamkeitskrisen

Wenn du dich mitten in einer überwältigenden Einsamkeitskrise befindest, können diese Sofortmaßnahmen helfen:

1. Physiologische Erste Hilfe

Beginne damit, deinen Körper zu beruhigen:

- **4-7-8 Atmung**: 4 Sekunden einatmen, 7 Sekunden halten, 8 Sekunden ausatmen, für mindestens 5 Zyklen

- **Kalte Stimulation**: Halte deine Handgelenke unter kaltes Wasser oder lege einen kalten Waschlappen in deinen Nacken (aktiviert den Vagusnerv)
- **Progressive Muskelentspannung**: Spanne systematisch jede Muskelgruppe an und entspanne sie wieder
- **Bewegung**: Selbst ein kurzer Spaziergang oder einfache Dehnübungen können helfen, Stresshormone abzubauen

2. Kognitive Erste Hilfe

Unterbreche negative Gedankenspiralen:

- **Gedanken-Stopp-Technik**: Wenn du bemerkst, dass deine Gedanken kreisen, sage laut "Stopp!" und fokussiere dich auf etwas im gegenwärtigen Moment
- **Reality-Check-Fragen**: "Ist dieser Gedanke eine Tatsache oder eine Interpretation?" "Welche Beweise sprechen gegen diesen Gedanken?"
- **3-3-3 Methode**: Benenne 3 Dinge, die du siehst, 3 Dinge, die du hörst, und bewege 3 Körperteile – verankert dich im Hier und Jetzt
- **Gedanken-Umformulierung**: Verwandle "Niemand interessiert sich für mich" in "Ich fühle mich gerade sehr einsam, aber das ist ein vorübergehender Zustand"

3. Emotionale Erste Hilfe

Arbeite mit, nicht gegen deine Gefühle:

- **Emotionales Benennen**: Gib deinen Gefühlen präzise Namen ("Ich fühle mich verlassen, traurig und etwas ängstlich")
- **Selbst-Mitgefühl-Pause**: Lege eine Hand aufs Herz und sprich mit dir selbst, wie mit einem guten Freund
- **Emotionales Schreiben**: Schreibe für 10 Minuten ohne Zensur alles auf, was du fühlst
- **Trost-Box**: Halte eine Box mit sensorischen Trostmitteln bereit (weiche Decke, beruhigender Duft, Lieblingsmusik, Fotos von schönen Erinnerungen)

4. Verbindungs-Erste Hilfe

Auch wenn du dich isoliert fühlst, gibt es Wege zur Verbindung:

- **Niedrigschwellige Kontaktaufnahme**: Schreibe einer vertrauenswürdigen Person eine kurze Nachricht – es muss nicht deine tiefsten Gefühle offenbaren, ein einfaches "Hi, wie geht's?" kann helfen
- **Hilfsangebote-Hotlines**: Viele Länder haben Hotlines, nicht nur für Suizidgedanken, sondern auch für Einsamkeit und emotionale Unterstützung
- **Online-Foren mit Echtzeit-Chat**: Plattformen wie 7 Cups oder spezifische Reddit-Communities bieten sofortige Verbindung
- **Tiere**: Wenn du ein Haustier hast, verbringe bewusste Zeit mit ihm; falls nicht, gibt es vielleicht ein Tierheim, das Freiwillige für Spaziergänge sucht?
- **"Menschen beobachten"**: Gehe an einen belebten Ort (Café, Park, Einkaufszentrum) – manchmal kann die bloße Anwesenheit anderer Menschen das Isolationsgefühl lindern

Krisen-Bewältigungs-Tipp: Erstelle eine persönliche "Einsamkeitskrisen-Toolbox" – eine tatsächliche Box oder eine Liste auf deinem Handy mit deinen bevorzugten Strategien aus jeder Kategorie (physiologisch, kognitiv, emotional und verbindungsorientiert). In der Hitze einer Krise ist es schwer, sich an all diese Optionen zu erinnern, also schaffe eine einfache Referenz für dein zukünftiges selbst.

Durch längere Einsamkeitsphasen navigieren

Während die obigen Strategien akute Krisen lindern können, gibt es auch Ansätze für längere Phasen intensiver Einsamkeit:

1. Strukturiere deine Tage

Ohne äußere soziale Struktur kann es leicht sein, in destruktive Muster zu fallen:

- **Täglicher Plan**: Erstelle einen einfachen, aber verbindlichen Plan für jeden Tag
- **Morgenroutine**: Beginne den Tag mit einer kurzen Selbstfürsorge-Routine

- **Aktivitäten-Balance**: Plane jeden Tag einen Mix aus:
  - Produktiven Aktivitäten (gibt ein Gefühl der Meisterschaft)
  - Angenehmen Aktivitäten (gibt ein Gefühl der Freude)
  - Sozialen Aktivitäten, egal wie klein (gibt ein Gefühl der Verbindung)

2. Halte ein "Einsamkeits-Tagebuch"

Tracking kann helfen, Muster zu erkennen und Fortschritte zu würdigen:

- **Auslöser-Tracking**: Notiere, was Einsamkeitsgefühle verschlimmert
- **Erfolgs-Tracking**: Notiere, was hilft oder Erleichterung bringt
- **Intensitäts-Tracking**: Bewerte deine Einsamkeit täglich auf einer Skala von 1-10

3. Nutze das "Als-ob-Prinzip"

Manchmal folgen Gefühle dem Verhalten, nicht umgekehrt:

- **Handle, als ob** du dich verbunden fühlst – gehe zu sozialen Veranstaltungen, auch wenn du dich nicht danach fühlst
- **Sprich mit dir selbst, als ob** du dein bester Freund wärst
- **Kleide dich, als ob** es ein besonderer Tag wäre, selbst wenn du nirgendwo hingehst

4. Erschaffe bedeutungsvolle Projekte

Langfristige Projekte können einen Anker bieten:

- **Lern-Projekte**: Ein neuer Kurs oder eine Fähigkeit, die du schon immer lernen wolltest
- **Kreative Projekte**: Schreiben, Malen, Basteln oder andere Ausdrucksformen
- **Service-Projekte**: Ehrenamt oder Hilfe für andere, wenn möglich
- **Selbstverbesserungs-Projekte**: Arbeit an persönlichen Zielen und Wachstum

Langzeit-Strategie-Tipp: Führe ein "Zukunfts-Selbst-Tagebuch". Schreibe jeden Tag einen kurzen Brief an dein zukünftiges, weniger einsames Selbst. Teile, wie du dich gerade fühlst, was du lernst und welche

Fortschritte du machst, egal wie klein. Dies schafft ein Gefühl der Kontinuität und des Fortschritts, selbst an sehr schweren Tagen.

Dein persönlicher Krisenplan

Einem Sturm zu begegnen ist leichter, wenn du vor seinem Eintreffen einen Plan hast. Ein persönlicher Krisenplan – oder wie manche Therapeuten es nennen, ein "Emotionaler Erste-Hilfe-Kasten" – ist ein proaktives Werkzeug, das dir helfen kann, durch intensive Einsamkeitsphasen zu navigieren, bevor sie überwältigend werden.

Die Elemente eines effektiven Krisenplans

Ein umfassender Krisenplan umfasst typischerweise folgende Komponenten:

1. Frühwarnsignale

Identifiziere die subtilen Anzeichen, die einer Einsamkeitskrise vorausgehen:

- Gedankliche Signale (vermehrte Selbstkritik, soziale Vergleiche, Schwarzmalerei)
- Verhaltens-Signale (Absagen sozialer Pläne, gestörte Schlafmuster, vernachlässigte Selbstfürsorge)
- Emotionale Signale (anhaltende Reizbarkeit, Tränen ohne offensichtlichen Grund, emotionale Taubheit)
- Körperliche Signale (Energiemangel, Verspannungen, veränderter Appetit)

2. Gestaffelte Interventionen

Plane unterschiedlich intensive Maßnahmen für verschiedene Krisenlevel:

Level 1 - Milde Einsamkeitsgefühle:

- Erste Selbsthilfestrategien (Achtsamkeitsübungen, Bewegung, kreative Aktivitäten)
- Erreichen eines freundschaftlichen Kontakts für ein kurzes Gespräch
- Rückbesinnung auf frühere erfolgreiche Bewältigungsstrategien

Level 2 - Moderate Einsamkeitskrise:

- Intensivere Selbstfürsorge (längere Naturaufenthalte, ausgedehnte kreative Ausdrucksformen)
- Proaktive Kontaktaufnahme mit 2-3 Unterstützungspersonen
- Teilnahme an strukturierten sozialen Aktivitäten, auch wenn es Überwindung kostet
- Begrenzung von Triggers (Social Media, bestimmte Orte oder Medien)

Level 3 - Schwere Einsamkeitskrise:
- Kontaktaufnahme mit einem Therapeuten oder Berater
- Nutzung von Krisentelefonen oder Online-Support
- Aktivierung des engsten Unterstützerkreises
- Vereinfachung des Alltags und Fokus auf grundlegende Selbstfürsorge
- Eventuell Absprache mit einem Arzt über temporäre medikamentöse Unterstützung

3. Persönliche Ressourcenliste

Eine detaillierte Liste deiner Unterstützungsoptionen:

Menschen-Ressourcen:
- 3-5 vertrauenswürdige Personen mit Kontaktdaten, geordnet nach Verfügbarkeit/Vertrautheit
- Professionelle Kontakte (Therapeut, Berater, Hausarzt)
- Notfallkontakte (Krisentelefone, Notaufnahmen)

Aktivitäts-Ressourcen:
- Körperliche Aktivitäten, die deine Stimmung verbessern
- Beruhigende Aktivitäten für Momente intensiver Emotionen
- Ablenkungsaktivitäten, die dich vollständig absorbieren
- Sinnstiftende Aktivitäten, die dir Perspektive geben

Ort-Ressourcen:
- Sichere, tröstliche Orte (zu Hause oder öffentlich)
- Orte, die ein Gefühl der Verbundenheit fördern, selbst wenn du allein bist
- Orte, die du meiden solltest, wenn du dich verletzlich fühlst

Denk-Ressourcen:
- Hilfreiche Mantras oder Affirmationen

- Fragen zur Perspektivenverschiebung
- Erinnerungen an vergangene überwundene Krisen
- Meditations- oder Achtsamkeitsanleitungen

4. Auslöser-Management-Strategien

Pläne zum Umgang mit bekannten Einsamkeits-Triggern:

- **Kalendarische Trigger** (Feiertage, Jahrestage):
  - Vorausplanen alternativer Aktivitäten
  - Neue Traditionen schaffen
  - Proaktiv Unterstützung organisieren
- **Social-Media-Trigger**:
  - Klare Grenzen für Nutzungszeiten
  - Kuratieren deines Feeds (Entfolgen von triggernden Inhalten)
  - Social-Media-Fastenzeiten festlegen
- **Situative Trigger** (bestimmte Orte, Personengruppen):
  - Expositionsstrategien mit Selbstfürsorge-Pausen
  - Graduelle Annäherung an schwierige Situationen
  - Begleitung durch unterstützende Personen

5. Tägliche Erhaltungsstrategien

Praktiken, die deine emotionale Resilienz aufbauen:

- **Morgen-Check-in**: Kurze Reflexion deines emotionalen Zustands
- **Tages-Struktur**: Balance zwischen Produktivität, Freude und Verbindung
- **Abend-Ritual**: Würdigung positiver Momente, egal wie klein
- **Wochenreflexion**: Überprüfung von Mustern und Anpassung von Strategien

Deinen Krisenplan erstellen und verwenden

Ein Krisenplan ist am wirksamsten, wenn er persönlich, praktisch und leicht zugänglich ist:

Schritt 1: Selbstreflexion

Bevor du den Plan erstellst, nimm dir Zeit für einige Reflexionsfragen:

- Welche Situationen oder Gedanken triggern meine tiefsten Einsamkeitsgefühle?
- Welche Bewältigungsstrategien haben in der Vergangenheit funktioniert, wenn auch nur kurzzeitig?
- Was hält mich typischerweise davon ab, Hilfe zu suchen, wenn ich sie am meisten brauche?
- Wer sind die Menschen, bei denen ich mich am sichersten fühle, wenn ich verletzlich bin?

Schritt 2: Plan-Format wählen

Wähle ein Format, das zu dir passt:

- Digitales Dokument (leicht zu aktualisieren, immer auf deinem Telefon verfügbar)
- Handgeschriebene Notizen (kann therapeutisch sein und stärkere emotionale Verbindung schaffen)
- Visuelle Darstellung (Mind-Map, Flussdiagramm oder Collage für visuelle Denker)
- Audio-Aufnahme (besonders hilfreich, wenn du in Krisen Schwierigkeiten hast, zu lesen)

Schritt 3: Plan zugänglich machen

Stelle sicher, dass du auch in einer Krise leicht auf deinen Plan zugreifen kannst:

- Speichere digitale Versionen offline und in der Cloud
- Platziere physische Kopien an strategischen Orten (Nachttisch, Brieftasche, Arbeitsplatz)
- Teile den Plan mit einer Vertrauensperson, die dich an ihn erinnern kann
- Erstelle eine Kurzversion (z.B. als Handy-Hintergrundbild oder Lesezeichen)

Schritt 4: Plan regelmäßig überprüfen

Ein Krisenplan ist ein lebendiges Dokument:

- Plane vierteljährliche Überprüfungen ein
- Aktualisiere nach jeder Krise, basierend auf neuen Erkenntnissen
- Passe ihn an größere Lebensveränderungen an (Umzug, neue Beziehungen, etc.)
- Ergänze ihn mit neuen Ressourcen, Strategien und Einsichten

Krisenplan-Tipp: Füge deinem Plan eine "Brief an mein zukünftiges Krisenselbst" hinzu. In diesem Brief, geschrieben in einem ruhigen, ausgeglichenen Moment, erinnerst du dich selbst an wichtige Wahrheiten, die während einer Krise schwer zu glauben sind: dass du wertvoll bist, dass die Krise vorübergehen wird, dass es Menschen gibt, die sich um dich sorgen, und dass du in der Vergangenheit bereits Krisen gemeistert hast.

Den Plan mit anderen teilen

Ein wichtiger, oft übersehener Aspekt eines effektiven Krisenplans ist die Einbeziehung von Unterstützungspersonen:

Mit wem teilen?

- 1-3 verlässliche Freunde oder Familienmitglieder
- Dein Therapeut oder Berater, falls vorhanden
- Eventuell ein vertrauenswürdiger Kollege oder Nachbar für praktische Unterstützung

Was genau teilen?

Du musst nicht den gesamten Plan teilen, aber diese Elemente sind hilfreich:

- Deine persönlichen Warnsignale, die sie beachten können
- Spezifische Arten der Unterstützung, die du in verschiedenen Phasen brauchst
- Was hilft und was nicht hilft in einer Krise
- Wie sie dich am besten kontaktieren können
- Wann professionelle Hilfe hinzugezogen werden sollte

Wie das Gespräch führen?

Ein solches Gespräch kann schwierig sein, hier sind einige Tipps:

- Wähle einen ruhigen, entspannten Moment
- Betone, dass dies eine proaktive Selbstfürsorge-Maßnahme ist
- Sei konkret darüber, welche Art von Unterstützung du suchst
- Versichere ihnen, dass du nicht erwartest, dass sie "dich reparieren"

- Frage, ob sie damit einverstanden sind und welche Grenzen sie
  haben

Teilen-Tipp: Bereite eine "Support-Person-Checkliste" vor – ein einseitiges Dokument mit den wichtigsten Informationen für deine Unterstützungspersonen. Dies macht es für sie einfacher, dir effektiv zu helfen, und für dich weniger belastend, während einer Krise alles erklären zu müssen.

In diesem Kapitel haben wir die schwierigeren Aspekte der Einsamkeit betrachtet – die Zeiten, in denen Selbsthilfestrategien allein nicht ausreichen und zusätzliche Unterstützung nötig ist. Wir haben gelernt, wann und wie man professionelle Hilfe sucht, wie man Unterstützungsgruppen findet und nutzt, wie man durch akute Einsamkeitskrisen navigiert und wie man einen persönlichen Krisenplan entwickelt.

Denk daran: Die Erkenntnis, dass du mehr Unterstützung brauchst, ist keine Niederlage, sondern ein mutiger Schritt vorwärts. Die tiefsten Phasen der Einsamkeit können – mit der richtigen Unterstützung – zu bedeutsamen Wendepunkten werden, die den Weg zu tieferer Verbindung und emotionalem Wohlbefinden ebnen.

Im nächsten und letzten Teil unseres Buches werden wir einen Blick in die Zukunft werfen und besprechen, wie du die Reise von der Einsamkeit zur Verbundenheit fortsetzen kannst, mit langfristigen Strategien für nachhaltiges Wohlbefinden und tiefe menschliche Verbindungen.

Epilog: Verbunden statt verloren

Du hast eine Reise unternommen. Eine Reise von der Einsamkeit zur Verbundenheit, von der Isolation zur Gemeinschaft, vom Gefühl der Verlorenheit zu einem neuen Sinn der Zugehörigkeit. Vielleicht stehst du erst am Anfang dieses Weges, vielleicht bist du schon ein gutes Stück vorangekommen – aber eines ist sicher: Du bist nicht mehr an dem Punkt, an dem du angefangen hast.

Das Lesen dieses Buches allein verändert nicht dein Leben – aber die Entscheidung, es zu lesen, zeigt etwas Wichtiges: Du hast den Mut, dich deiner Einsamkeit zu stellen und aktiv nach Wegen zu suchen, sie zu überwinden. Diese Entscheidung, dieser Mut, ist der erste und vielleicht wichtigste Schritt auf dem Weg zu einem verbundeneren Leben.

In diesem Epilog möchte ich einige abschließende Gedanken mit dir teilen – nicht als endgültige Antworten, sondern als Reflexionen und Ermutigung für deinen weiteren Weg.

Die Reise ist nicht linear

Als ich am Anfang des Buches von einer "Reise" aus der Einsamkeit sprach, mag das so geklungen haben, als gäbe es einen klaren, geradlinigen Weg von Punkt A (einsam) zu Punkt B (verbunden). Die Realität ist, wie so oft, komplexer und nuancierter.

Der Weg aus der Einsamkeit ist selten eine gerade Linie. Er gleicht eher einer Spirale, die sich manchmal nach außen und manchmal nach innen windet, mit Umwegen, unerwarteten Abkürzungen und gelegentlichen Sackgassen. Es gibt Tage, an denen du dich verbundener fühlst als je zuvor, und andere, an denen die Einsamkeit zurückkehrt, als hättest du nie einen Schritt getan.

Diese Nicht-Linearität ist normal. Sie ist Teil des Prozesses, nicht ein Zeichen seines Scheiterns. Genau wie beim Erlernen einer neuen Fähigkeit gibt es eine natürliche Fluktuation – zwei Schritte vorwärts, einer zurück. Was zählt, ist die langfristige Richtung, nicht die täglichen Schwankungen.

Die gute Nachricht ist: Mit jedem Zyklus, mit jeder Rückkehr der Einsamkeit, bist du besser vorbereitet. Du erkennst die Muster schneller, hast mehr Werkzeuge zur Verfügung und weißt tiefer in deinem Herzen, dass dies ein vorübergehender Zustand ist, nicht deine dauerhafte Realität.

Von der Einsamkeit zur Verbundenheit – und darüber hinaus

Am Anfang dieser Reise mag dein Ziel einfach erschienen sein: Nicht mehr einsam sein. Doch je weiter du kommst, desto mehr wirst du entdecken, dass es um weit mehr geht als nur die Abwesenheit von Einsamkeit.

Es geht um die Präsenz von etwas Tieferem: authentischer Verbundenheit. Nicht nur mit anderen, sondern auch mit dir selbst, mit deinen Werten, mit dem, was dir wirklich wichtig ist im Leben.

Interessanterweise berichten viele Menschen, die ihre chronische Einsamkeit überwunden haben, von einer unerwarteten Entdeckung: Sie finden einen neuen Sinn von Autonomie und Selbstbestimmung. Die Fähigkeit, allein zu sein, ohne einsam zu sein, die Fähigkeit, Verbindungen zu schätzen, ohne von ihnen abhängig zu sein, die Fähigkeit, ihr Leben nach ihren eigenen Bedingungen zu gestalten – in Verbundenheit, aber nicht in Abhängigkeit.

Dieser Zustand – verbunden, aber selbstbestimmt; in Beziehung, aber nicht definiert durch Beziehungen – ist vielleicht das wahre Ziel der Reise. Nicht einfach das Ende der Einsamkeit, sondern der Beginn einer reicheren, vielschichtigeren Art, in der Welt zu sein.

Was ich dir auf den weiteren Weg mitgeben möchte

Zum Abschluss möchte ich dir einige Gedanken mitgeben – Erkenntnisse, die mir auf meiner eigenen Reise und in der Begleitung anderer auf ihren Wegen wichtig geworden sind:

1. Sei geduldig mit dir selbst

Tiefe Muster, die sich über Jahre oder Jahrzehnte gebildet haben, verändern sich nicht über Nacht. Der Weg aus der Einsamkeit ist oft ein Prozess des zwei-Schritte-vor-einen-zurück, und das ist völlig normal.

Wenn du einen Rückschlag erlebst, wenn die Einsamkeit zurückkehrt oder eine neue soziale Situation nicht so läuft wie erhofft, erinnere dich: Dies ist kein Scheitern, sondern ein natürlicher Teil des Prozesses. Selbstmitgefühl in diesen Momenten ist nicht nur freundlich, sondern auch strategisch klug – denn Selbstkritik und Schuldgefühle verstärken nur die Isolation.

2. Wertschätze kleine Siege

Die bedeutendsten Veränderungen im Leben bestehen oft aus Hunderten kleiner, scheinbar unbedeutender Schritte. Ein kurzes Gespräch an der Bushaltestelle. Der Mut, zu einem Gruppentreffen zu gehen. Die Entscheidung, eine Einladung anzunehmen, statt sie abzulehnen. Das Teilen einer persönlichen Geschichte mit einem neuen Freund.

Diese Momente mögen flüchtig erscheinen, aber sie sind die Bausteine eines verbundeneren Lebens. Nimm dir Zeit, sie zu bemerken und zu würdigen. Vielleicht möchtest du ein "Verbindungs-Tagebuch" führen, in dem du diese kleinen Siege festhältst – nicht nur als Erinnerung, sondern auch als Beweis deines Fortschritts, wenn Zweifel aufkommen.

3. Erinnere dich: Du bist nicht allein mit deiner Einsamkeit

Eine der grausamsten Paradoxien der Einsamkeit ist das Gefühl, dass du der Einzige bist, der sich so fühlt – dass alle anderen verbunden, glücklich und erfüllt sind, während du als einziger außen vorstehst.

Die Wahrheit ist: Einsamkeit ist eine der universellsten menschlichen Erfahrungen. Genau in diesem Moment fühlen sich Millionen anderer Menschen genauso wie du. Junge und Alte, Reiche und Arme, scheinbar Erfolgreiche und offensichtlich Kämpfende – Einsamkeit kennt keine sozialen Grenzen.

Es gibt etwas seltsam Tröstliches in diesem Wissen. Nicht im Sinne des Schicksals-Teilens, sondern im Sinne des Mensch-Seins. Deine Einsamkeit ist nicht ein Zeichen deiner Unzulänglichkeit, sondern ein Aspekt deiner Menschlichkeit.

4. Das Leben ist reicher mit anderen, aber du bist vollständig in dir selbst

Eine gesunde Verbundenheit beginnt mit der Erkenntnis, dass du in dir selbst vollständig bist. Andere Menschen machen dein Leben reicher, aber sie machen dich nicht erst zu einem vollständigen Menschen.

Diese Erkenntnis ist paradoxerweise der Schlüssel zu tieferen Beziehungen. Wenn du weißt, dass du in dir selbst vollständig bist, kannst du Beziehungen aus einem Ort des Wollens, nicht des verzweifelten Brauchens eingehen. Du kannst wählen, statt zu klammern. Du kannst lieben, statt dich anzuhängen.

Diese innere Vollständigkeit ist keine angeborene Eigenschaft, sondern eine Praxis – eine tägliche Entscheidung, dich selbst mit Freundlichkeit, Respekt und bedingungsloser Wertschätzung zu behandeln.

5. Die tiefste Verbundenheit entsteht oft im Dienst für andere

Viele, die ihre Einsamkeit überwunden haben, berichten von einer überraschenden Entdeckung: Der schnellste Weg, sich verbunden zu fühlen, ist oft, sich in den Dienst anderer zu stellen.

Wenn wir uns auf die Bedürfnisse anderer konzentrieren – sei es durch formelles Ehrenamt oder informelle Akte der Freundlichkeit – geschieht etwas Bemerkenswertes: Unsere eigene Isolation tritt in den Hintergrund. Wir erfahren die tiefe Befriedigung, die aus bedeutungsvoller Verbindung entsteht, ohne den sozialen Druck oder die Selbstbewusstheit, die oft mit rein sozialen Interaktionen einhergeht.

Dies ist nicht als Flucht vor den eigenen Gefühlen gedacht oder als Selbstaufopferung. Es ist vielmehr die Erkenntnis, dass wir am meisten wir selbst sind, wenn wir uns mit anderen und für andere engagieren – dass Verbundenheit nicht nur etwas ist, das wir empfangen, sondern auch etwas, das wir erschaffen können.

Ein letzter Gedanke

Als ich dieses Buch zu schreiben begann, hatte ich ein klares Ziel: Menschen, die unter Einsamkeit leiden, praktische, umsetzbare Strategien an die Hand zu geben, um weniger einsam zu leben. Ich hoffe, dass ich dieses Ziel erreicht habe.

Aber je tiefer ich in das Thema eintauchte, desto klarer wurde mir: Einsamkeit ist mehr als nur ein persönliches Problem, das individuelle Lösungen erfordert. Sie ist auch ein gesellschaftliches Phänomen, ein Spiegel unserer Zeit, in der wir technologisch verbundener und gleichzeitig menschlich isolierter sind als je zuvor.

Vielleicht ist die Einsamkeit, die so viele von uns erfahren, nicht nur ein Zustand, den es zu überwinden gilt, sondern auch eine Einladung, tiefer darüber nachzudenken, wie wir als Gesellschaft zusammenleben wollen. Eine Einladung, neue Formen der Gemeinschaft zu schaffen, die sowohl unsere Individualität respektieren als auch unser tiefes Bedürfnis nach Zugehörigkeit erfüllen.

Während du deinen eigenen Weg aus der Einsamkeit gehst, wirst du Teil dieser größeren Bewegung – einer Bewegung hin zu einer verbundeneren, mitfühlenderen und letzten Endes menschlicheren Art, miteinander zu sein.

Und darin liegt vielleicht die größte Hoffnung von allen: dass unsere persönlichen Reisen von der Einsamkeit zur Verbundenheit nicht nur unser eigenes Leben transformieren, sondern auch – in kleinen, aber bedeutsamen Wegen – unsere gemeinsame Welt.

Ich wünsche dir Mut, Geduld und immer mehr Momente echten Verbundenseins mit anderen auf deinem weiteren Weg.

Liebe Grüße

Aline

Ressourcen und Kontaktstellen

Telefonische Hilfsangebote

Diese Nummern bieten kostenlose, vertrauliche Unterstützung durch geschulte Mitarbeiter:

Deutschland:
- Telefonseelsorge: 0800 111 0 111 oder 0800 111 0 222 (rund um die Uhr, kostenlos)
- Nummer gegen Kummer (für Kinder, Jugendliche und Eltern): 116 111
- Silbernetz (für ältere Menschen): 0800 4 70 80 90

Österreich:
- Telefonseelsorge: 142 (rund um die Uhr, kostenlos)
- Rat auf Draht (für Kinder und Jugendliche): 147

Schweiz:
- Die Dargebotene Hand: 143 (rund um die Uhr)
- Pro Juventute (für Kinder und Jugendliche): 147

Online-Ressourcen für psychische Gesundheit

Informationsportale:
- Stiftung Deutsche Depressionshilfe
- Bundespsychotherapeutenkammer
- Deutsches Bündnis gegen Depression

Online-Beratung und -Therapie:
- Online-Beratung der Telefonseelsorge
- Krisenchat.de (Beratung per Messenger für Jugendliche)
- Instahelp (Online-Psychologieberatung)

Apps für psychische Gesundheit:
- "7Mind" (Meditation und Achtsamkeit)
- "Selfapy" (Online-Kurse bei Depression, Angst und Stress)
- "Moodpath" (Stimmungstagebuch und Ressourcen)

Gemeinschafts- und Selbsthilfegruppen:

Selbsthilfegruppen finden:
- NAKOS - Nationale Kontakt- und Informationsstelle zur Anregung und Unterstützung von Selbsthilfegruppen
- Selbsthilfenetz

Gemeinschaftsangebote:
- Meetup.com (Gruppen für alle möglichen Interessen)
- nebenan.de (Nachbarschaftsnetzwerk)
- vhs - Volkshochschulen (Kurse und Begegnungen)

Spezifische Angebote für verschiedene Zielgruppen
Für ältere Menschen:
- Malteser Besuchs- und Begleitungsdienst
- Seniorentelefon des Humanistischen Verbandes

Für junge Erwachsene:
- Nightline (studentisches Zuhörtelefon an vielen Uni-Standorten)
- Junge Selbsthilfe

Für Trauernde:
- Bundesverband Verwaiste Eltern und trauernde Geschwister
- Trauergruppen der Hospizvereine

Für LGBTQ+ Personen:
- Lambda (Beratung für junge LGBTQ+ Menschen)
- Lesben- und Schwulenverband Deutschland

Übungstagebuch

Dieses Übungstagebuch enthält Vorlagen, die du kopieren oder als Inspiration für dein eigenes Tagebuch nutzen kannst.

Tägliches Check-in

Datum: _______________________

Wie fühle ich mich heute auf einer Skala von 1-10? _____

Drei Worte, die meine Stimmung heute beschreiben:

1. ____
2. ____
3. ____

Ein Moment der Verbundenheit, den ich heute erlebt habe (oder gestern):

____

____

Eine soziale Interaktion, die ich heute plane (oder bereits hatte):

____

____

Eine Selbstfürsorge-Aktivität für heute:

____

Gedanken und Beobachtungen:

____

____

____

Wöchentliche Reflexion

Woche vom _________ bis _________

Soziale Highlights dieser Woche:

____

____

____

Herausforderungen, denen ich begegnet bin:

____

____

Strategien, die gut funktioniert haben:

Etwas, das ich nächste Woche anders machen möchte:

Ein Ziel für die kommende Woche:

Soziale Verbindungs-Tracking

Datum	Aktivität/Interaktion	Mit wem?	Wie habe ich mich gefühlt? (1-10)	Beobachtungen

Meine soziale Netzwerkkarte

Innerer Kreis (engste Vertraute):

Mittlerer Kreis (Freunde, regelmäßige Kontakte):

Äußerer Kreis (Bekannte, Kollegen, etc.):

Personen, mit denen ich die Verbindung vertiefen möchte:

Konkrete Schritte zur Vertiefung:

Mein persönlicher Krisenplan
Meine Frühwarnsignale für Einsamkeit:

____

____

Meine bewährten Sofort-Strategien:

1. ____
2. ____
3. ____

Menschen, die ich kontaktieren kann:

1. Name: ________________ Kontakt: ________________
2. Name: ________________ Kontakt: ________________
3. Name: ________________ Kontakt: ________________

Professionelle Hilfe:

1. Therapeut/Berater: ________________ Kontakt:
   ____
2. Krisentelefon: ________________
3. Nächste psychiatrische Notaufnahme: ________________

Aktivitäten, die mir helfen:

____

____

____

Erinnerung an mich selbst für schwere Zeiten:

____

____

____

Danksagung

An dieser Stelle möchte ich all jenen danken, die zur Entstehung dieses Buches beigetragen haben.

Zuallererst gilt mein Dank allen Menschen, die mir ihre Geschichten der Einsamkeit und des Weges daraus anvertraut haben. Eure Offenheit, euer Mut und eure Bereitschaft, verletzlich zu sein, haben dieses Buch erst möglich gemacht. Viele meiner Freundinnen und Freunde haben sich geoutet. Jede einzelne Erfahrung, jede geteilte Strategie und jede ehrliche

Reflexion hat dazu beigetragen, dass dieses Buch nicht nur theoretisches Wissen, sondern gelebte Weisheit enthält.

Ich danke meinen Fachkolleginnen und -kollegen aus Psychologie, Soziologie und Sozialarbeit, deren Erkenntnisse und Forschungen die wissenschaftliche Grundlage für dieses Buch bilden. Die Kombination aus empirischer Forschung und praktischer Erfahrung ist unschätzbar wertvoll.

Meiner Familie und meinen Freunden danke ich für ihre unermüdliche emotionale Unterstützung, ihren Rat und ihre Bereitschaft, frühe Entwürfe zu lesen und ehrliches Feedback zu geben. Ihr habt mich nicht nur beim Schreiben unterstützt, sondern seid auch lebendige Beispiele dafür, wie bedeutungsvoll echte Verbindung sein kann.

Schließlich gilt mein tiefster Dank dir, liebe Leserin, lieber Leser. Dass du dieses Buch in die Hand genommen und bis hierhin gelesen hast, zeugt von deinem Mut und deiner Entschlossenheit. Du bist nicht allein auf diesem Weg, und ich hoffe, dass dieses Buch dich ein Stück auf deiner Reise begleiten kann.

Über die Autorin:

Aline Vauclair, lebt in Süddeutschland und ist durch mehrere Bekannte, die enorm unter der Einsamkeit gelitten haben, auf das Thema gekommen. Sie ist Mutter zweier Kinder und verfügt über zahlreiche Außenkontakte. Der Autorin selbst ist es gegeben, mit anderen Menschen schnell in Kontakt zu kommen und Kontakte zu pflegen.

Diese Fähigkeit hat sie analysiert, um anderen Menschen den Weg aus der Einsamkeit aufzuzeigen. Den Weg zur Verbundenheit mit anderen. Sie hat im echten Leben schon mehrere Menschen aus tiefer Einsamkeit geholt und versucht mit diesem Buch, auch Menschen außerhalb ihres direkten Kontaktkreises die Chance dazu zu geben.